LES BLAGUES DE
toto

Mes *plus* meilleures histoires de Toto

Albin Michel

1

C'EST LA RÉVOLUTION !

J'ai jamais vu Papa comme ça ! D'habitude, il est calme mais là, il est tout excité. Il répète qu'il en a assez qu'on gâche trop de papier et d'électricité. Il dit même que notre planète est en danger ! Il a raison Papa alors je l'aide à peindre une pancarte pour sa manifestation.

– C'est parfait mon Toto ! Je vais faire respecter l'environnement à mon patron. Et n'oublie pas Toto de toujours te battre pour tes idées. Fais entendre ta voix ! Il faut protéger la planète !

J'aimerais bien accompagner Papa à sa manifestation mais j'ai école. En tout cas, aujourd'hui, j'suis pas venu pour rien car avec mes copains, on va lire la toute nouvelle BD de Monsieur Incorrigible. DRING ! Ouais ! C'est la récré : à nous Monsieur Incorrigible ! On est tous plongés dans notre livre. Y a pas un bruit dans la cour sauf quand on tourne les pages… et sauf quand Madame Péchoton vient nous embêter !!!

Et vers qui elle s'avance ? Vers moi et elle me prend MON Monsieur Incorrigible.
– Toto ! Ce que tu lis est affreux : *Monsieur Incorrigible contre la directrice à trois têtes* ! Il lui coupe la tête en plus !
– C'est pas grave Madame Péchoton. Elle repoussera, elle en a deux de rechange.
– Les enfants, rangez-moi ça tout de suite !

Ça comprend rien aux livres, les directrices. Alors moi, je vais faire entendre ma voix, comme Papa me l'a conseillé.

– Mais enfin Madame Péchoton, c'est la nouvelle BD de Monsieur Incorrigible. Et elle est en papier rebâclé !

– Non Toto, pas rebâclé mais RECYCLÉ ! C'est du papier neuf fabriqué avec du papier usagé.

– Bon si vous voulez mais vos dossiers ? Ils sont en quoi, comme papier ?

Alors là, je lui ai cloué le bec à la directrice. Elle répond rien, ce qui prouve bien que c'est pas du papier recyclé, ses dossiers. J'appelle vite mes copains et je monte sur

un banc pour qu'ils m'entendent bien :
– Écoutez-moi ! Tout ce papier gâché pour rien, c'est comme cette électricité gaspillée pour nous éclairer quand on travaille, ça peut pas continuer. Alors on va manifester ! Phase 1 : faire interdire le papier fait avec du papier neuf. Phase 2 : faire interdire l'électricité faite avec, euh… de l'électricité pour protéger la planète !
– Ouais ! Génial Toto ! Bien parlé ! Toto ! Toto ! Toto !

J'crois qu'on va faire de grandes choses pour la planète, mes copains et moi ! À commencer en classe. Quand Mademoiselle Jolibois entre, on a tous les bras croisés et on dit pas un mot. Enfin sauf quand la maîtresse s'inquiète pour le crâne d'Oscar, notre squelette humain.

– Les enfants, avez-vous vu le crâne d'Oscar ?

Hé, hé, BINGO ! On se lève tous et moi, je fais entendre ma voix.

– Mademoiselle Jolibois, nous avons décidé d'arrêter

la classe et de pas rendre le crâne d'Oscar tant que l'école utilisera du papier et de l'électricité sans compter.

– Quoi ??? Qu'est-ce que… Asseyez-vous tout de suite !

Puisque la maîtresse comprend pas notre cause, on dit tous bien fort en levant le poing en l'air :

– Préserver la planète, c'est prouver qu'on est pas bêtes ! Préser…

Là, je crois que ça va chauffer car la directrice nous a entendus et arrive dans la classe.
– Et alors ? C'est une révolte ?
– Non Madame Péchoton. C'est la révolution ! La RÉ-VO-LU-TION !
Et zou ! Mes copains et moi, on a pas que ça à faire que de rester en classe. On se précipite dans la cour pour notre réunion.

C'est du travail, une manifestation et une révolution. Heureusement que Papa m'a donné des conseils !

Pour qu'on m'entende bien, je prends un plot qu'on utilise pour le sport : c'est génial, ça fait un super micro !

– Non au papier crépon et au buvard ! Non au papier calque et au papier peint ! Plus jamais tout ça !

– C'est fini, oui !!! On ne va quand même pas interdire le papier dans une école ? Ouh ! Quelle voix cette Madame Péchoton ! Je l'interromps tout de suite.

– Négocitation, Madame Péchoton ! Négocitation !

– JAMAIS, Toto ! Et on ne dit pas *négocitation* mais négociation !

Pfft… Elle m'énerve la directrice à reprendre tout ce que je dis. Si je viens à l'école, c'est justement parce que je sais pas tout. Je parle peut-être pas comme il faut mais j'ai des idées pour préserver la planète ! Avec Yassine et Olive, on enlève tout le papier toilette dans les WC et quand Madame Péchoton va faire pipi, elle est super embêtée ! Et nous, on la laisse crier et on lance :

– Papier confisqué ! C'est les arbres qu'on va sauver !

Pendant qu'on cache les kilomètres de papier toilette, Arnold et Jonas s'occupent de la photocopieuse. Il est fort, Arnold, car il a réussi à mettre plein de savon dans la machine juste avant que Mademoiselle Jolibois vienne s'en servir. Et dès qu'elle appuie sur le bouton, de grosses bulles sortent de partout !

Yassine, Olive et moi, on est super contents car on est invités à aller dans la salle des professeurs pour discuter avec Madame Péchoton, Madame Blanquette et Mademoiselle Jolibois. Elles doivent sûrement commencer à craquer. Je sais pas trop pourquoi mais Madame Péchoton a pas l'air de bonne humeur.

– Cette révolution ridicule va trop loin, Toto ! Reprenez la classe immédiatement !

Comme elle y va, la directrice ! Moi, j'ai besoin de savoir quelque chose avant. Et voilà, j'suis encore obligé de faire entendre ma voix.

– Alors Madame Péchoton, si Monsieur Incorrigible utilise du papier recyclé, pourquoi PAS NOUS, à l'école ?

– Euh… Eh bien… Admettons… Nous pourrions en commander. Mais reprenez la classe, TOUT DE SUITE !

On est super heureux, mes copains et moi ! La phase 1 est réglée : on aura du papier qui fait pas mourir les arbres, on va le recycler. Du coup, on accepte de rendre la pauvre tête d'Oscar à la maîtresse. Mais on va s'attaquer à la phase 2 du plan Toto-révolutionnaire : on coupe toute l'électricité partout. Et hop ! Tout le monde se retrouve dans le noir.
Olive, Yassine et moi, on est satisfaits de notre révolution mais on trouve que les

autres y vont un peu trop fort : ils ont jeté dans la cour tous les ordinateurs, les imprimantes et tout ce qui fonctionne à l'électricité ! Ça coûte cher quand même. Pour une fois, Madame Péchoton a raison de se fâcher. Et voilà que Carole exige aussi qu'on interdise la langue de bœuf et les œufs en gelée à la cantine ! Mais qu'est-ce qu'on va manger, alors ?

Tout ça va trop loin. On peut pas faire la révolution sur tout, faut pas exagérer ! Yassine, Olive et Junior sont d'accord avec moi alors on réfléchit quand Junior lâche un peu déçu :

– Ah si seulement Monsieur Incorrigible était là. Tout le monde l'écouterait…

Ça, c'est pas tombé dans l'oreille d'un sourd ! Je fonce aux toilettes et j'enfile ma tenue de Little Incorrigible.

Et hop ! Ni vu ni connu, je grimpe dans le marronnier de la cour puis je surgis devant tout le monde en criant :

– Amis terriens ! Merci à tous de lire les aventures de mon tonton Monsieur Incorrigible et de défendre la planète. Mais si vous n'étudiez pas, vous n'arriverez jamais à lire les dix-huit tomes de l'encyclopédie Écolo Incorrigible. Alors il est temps de retourner en classe !

Waouh ! Génial ! Mon plan a fonctionné. Pendant que mes copains entrent en classe, moi, je retourne me changer en Toto.

Quand je rentre à la maison, je raconte tout à Papa :
– On a gagné notre révolution, P'pa ! On va utiliser que du papier recyclé et on aura plus de langue de bœuf ni d'œufs en gelée à la cantine !
– C'est bien mon Toto ! Moi, mon patron a fini par céder : il va faire sa publicité sur Internet et ne gâchera plus de papier.
On est vraiment heureux, mon papa et moi. On discute dans le salon quand tout à coup, il s'inquiète de voir sa bibliothèque vide.

– Ben mes… mes dossiers, tous mes dossiers de comptabilité, où sont-ils ?
– Ah, tu veux parler de tous ces papiers pas recyclés ? T'inquiète, je les ai mis à la poubelle !
Qu'est-ce que j'ai dit de mal ? Papa devient tout blanc. La comptabilité, c'est pas important, c'est pas comme la planète. Et Papa m'a bien dit : « Il faut protéger la planète ! »

2

LA SUPER RÉDACTION !

DRING ! Ça y est, c'est vendredi ! Je range vite ma trousse, prêt à partir quand Mademoiselle Jolibois annonce :

– Les enfants, vous n'oubliez pas pour lundi : une rédaction sur votre plus beau souvenir de week-end. Je vous conseille de vous appliquer. C'est un sujet facile, je noterai sévèrement.

Faut pas qu'elle s'inquiète, la maîtresse. Yassine, Olive et moi, on aura plein de trucs chouettes à raconter car on part faire du canoë… enfin avec Papa, bien sûr !

J'ai bien réfléchi à ce que je devais prendre : ma tente d'Indien, ma canne à pêche et ma BD de Monsieur Incorrigible. Yassine, lui, c'est son ballon de foot dédicacé par Trézigou. Mais Papa ne voit pas les choses comme nous.

– Les enfants, on va faire du canoë. Vous n'avez pas besoin de la tente d'Indien et de la canne à pêche.

– Mais P'pa, ça doit être notre plus beau week-end. Il faut rien oublier sinon on aura rien à raconter dans la rédac !

Papa dit que j'suis têtu… Je sais pas trop mais en tout cas, je range tout dans le coffre pendant qu'Olive demande :
– J'espère qu'on pourra prendre des photos pour illustrer notre rédaction. Vous avez un appareil, Monsieur ?
– Ah non Olive, je regrette…
– Même pas un téléphone qui prend des photos ?
– Surtout pas ! Le téléphone, c'est fait pour travailler. Et le week-end, je ne travaille pas !
Pauvre Olive, je sens bien qu'elle est déçue.
– Tout de même P'pa, tu pourrais en avoir un. Tout le monde en a !
– Écoute-moi Toto. J'ai vécu trente ans sans téléphone portable et ça ne m'a pas empêché de faire de belles promenades et d'avoir de beaux souvenirs.

Pfft… Vu l'œil noir que Papa me jette, je ferme vite la portière de la voiture et attache ma ceinture. Pendant le voyage, la bonne humeur revient. Et un peu plus tard, Papa se gare dans un endroit super joli, au bord d'une rivière.

– Allez, les enfants ! On va louer un canoë !

Il perd pas de temps, Papa. Il est déjà en train de discuter avec le monsieur des bateaux. Moi non plus d'ailleurs. Hop ! J'ouvre bien le coffre en grand et je saisis ma canne à pêche.

C'est rigolo, un canoë. C'est un peu étroit mais ça n'empêche pas Olive de prendre des notes sur son petit calepin. Moi, je note tout dans ma tête, j'ai une mémoire d'éléphant. Il se débrouille pas mal mon papounet à la rame. Oh, qu'est-ce qui se passe ? Ma ligne est toute tendue et Papa continue à ramer.

– Arrête Papa ! On va chavirer !

– Lâche ta canne à pêche, Toto ! LÂCHE ! Tu vas tous nous faire tomber.

– Jamais ! J'ai une touche, j'en suis sûr !
– LÂCHE, je te dis. On la récupérera au retour.
– Non ! C'est ma canne préférée !
Et voilà, Papa a pas voulu m'écouter. Du coup, on se retrouve tous dans la rivière.

On a nos gilets de sauvetage mais quand même, l'eau est super froide ! Et tout ce que trouve à dire le loueur de canoës, c'est :
– Ne laissez pas le bateau partir ! Quand on ne sait pas ramer, on ne loue pas de canoë.

Il peut être content, le monsieur. SON canoë n'a rien du tout. Mais Papa est en colère.

– Tant pis pour le week-end Toto. On rentre ! La prochaine fois, tu lâcheras ta canne à pêche.

– Oh non P'pa ! Ça nous fait un truc génial à raconter dans notre rédac.

Olive est d'accord avec moi, même si elle peut plus trop écrire sur son bloc-notes. Lui aussi est tombé à l'eau. Heureusement, j'ai toujours ma super mémoire…

Y a rien à faire, Papa veut rentrer. Mes copains et moi, on a un p'tit espoir car la voiture démarre pas. Et qui on accuse ?
– Toto, as-tu laissé quelque chose d'allumé dans la voiture ?
– Euh… Non P'pa… J'ai juste laissé le coffre ouvert, c'est tout.
Je sais pas ce que j'ai dit mais Papa rouspète encore.
– Toto ! La lumière est restée allumée à cause du coffre ouvert. Du coup, on n'a plus de batterie !!!

C'est pas un drame quand même ! Faut toujours que Papa se mette dans tous ses états pour sa voiture. Elle est chouette Olive, elle essaie de le calmer :

– On peut peut-être appeler un dépanneur ?

– On ne peut pas, Olive ! Je n'ai pas de téléphone portable…

– Eh ben voilà pourquoi on est coincés ici ! Tu vois P'pa que c'est pas de ma faute.

Là, je sens que mon papounet va exploser. Ouf ! Yassine revient de la rivière avec ma canne à pêche et un gros poisson au bout.

– Dis donc P'pa, heureusement que j'ai pensé à prendre ma canne à pêche sinon on était coincés ici, sans rien à manger !

C'est génial car mes copains et moi, on a encore un truc à raconter pour notre rédac ! En attendant, on va sûrement passer la nuit ici. On va faire un bon feu de bois et on va se régaler avec mon gros poisson. Mais Papa exagère, il m'ordonne de lui donner ma BD de Monsieur Incorrigible pour allumer le feu. Ça y est, il fait nuit et il commence à faire froid.

– Vous pouvez me remercier, c'est grâce à Monsieur Incorrigible qu'on a bien chaud. Et c'est grâce à mon poisson qu'on va manger…

Papa veut s'occuper du poisson mais moi, j'aimerais bien qu'il me fasse confiance de temps en temps.

– P'pa s'il te plaît, laisse-moi le retourner sur le feu. Regarde, je le tiens bien comme ça…

– Bon d'accord mais fais att…

Oh non ! C'est pas possible ! Il est encore vivant ou quoi, mon poisson !? Il a glissé des brindilles et le voilà dans les flammes. Pfft… Il est tout noir maintenant.

On a pas mangé mais au moins, grâce à ma tente d'Indien, on va pouvoir dormir.
– Tu vois P'pa, ça sera quand même mieux que de dormir dans la voiture avec des sièges qui s'allongent pas complètement.
– Je te signale Toto que les sièges ne s'allongent PLUS parce que TU as cassé les ressorts.
– Peut-être mais sans ma tente d'Indien, on serait sur les ressorts cassés.
Elle est super facile à monter ma tente et j'suis sûr qu'on va bien dormir.

Aaah, je dors à poings fermés quand en plein milieu de la nuit, Olive me réveille :
– Toto, s'il te plaît, tu peux arrêter de ronfler !
Je me tourne de l'autre côté et me rendors… jusqu'au moment où Yassine me réveille à son tour :
– Toto… Tu ronfles…

Qu'est-ce qu'ils ont tous à me réveiller ? Ils vont me casser le sommeil à la fin ! J'suis fatigué, moi. La nuit, c'est fait pour dormir.

Finalement Papa et mes copains m'ont laissé dormir jusqu'au lendemain matin ! Mais c'est bizarre, y a plus personne dans la tente ni dehors…

– Papa ! Yassine ! Olive ! Où êtes-vous ? Répondez ! PAPAAAAA !

J'aime pas ça. Je regarde partout, personne… Et s'il leur était arrivé quelque chose ? Je fonce vers la voiture, j'ouvre la portière et… ouf ! Ils sont tous là.

– Hé Toto, ça ne va pas ! On dormait.

– Ah vous êtes là ! Vous m'avez fait une de ces peurs. Bien dormi ?

– Non pas vraiment Toto…

– Vous auriez dû rester sous la tente. Moi, j'ai super bien dormi.
Je sais pas ce que j'ai dit de mal mais ils me fusillent tous du regard… Heureusement, le loueur de canoë arrive. Il va vite nous dépanner. Papa ouvre le capot de la voiture, le monsieur le sien et hop ! Il paraît qu'une batterie se recharge avec deux pinces. Il suffit d'en mettre une sur une batterie et l'autre sur l'autre batterie et le tour est joué ! J'adore ça moi, la mécanique.
– Tiens-moi ces pinces, petit !

C'est rigolo, quand on les emmêle, ça fait plein d'étincelles. Oh, oh ! Ça a un peu cassé le moteur du monsieur. Maintenant c'est lui qui est pas à prendre avec des pincettes. Papa non plus d'ailleurs.

Soudain, j'ai une super idée ! Puisqu'il faut attendre une dépanneuse, on a le temps de jouer avec le ballon de Trézigou. Enfin, celui de Yassine.

– Hé Yassine ! On fait une partie de foot ?

– Ouais ! Super !

– Venez P'pa et Olive ! Faut pas se laisser aller !

Papa tape un peu trop fort dans le ballon et « Trézigou » se retrouve dans la rivière. Décidément, on en aura des choses à raconter pour notre rédac. Faut vite sauver Papa de la noyade parce qu'avec l'eau froide, il a une crampe au mollet. Et il est tout fier de moi : on a su ramer sur une vieille barque jusqu'à lui !

– Alors là Toto, bravo ! Tu es un secouriste formidable. Tu peux me demander ce que tu veux.

Faut pas me le dire deux fois, ça !

– C'est vrai P'pa ? Tu peux me faire ma rédac, alors ?

Quand Papa promet quelque chose, il le fait toujours. Du coup, j'suis super confiant à la remise de mon devoir.

– Je dois te féliciter Toto ! Pour une fois, tu as rendu un travail à l'heure et tu as fait une excellente rédaction.

– Merci Mademoiselle mais pour être tout à fait franc, mon papa m'a un peu aidé !

– Je m'en doute Toto. Le seul problème, c'est que ta rédaction est hors sujet. J'avais bien dit de rédiger un « souvenir » de week-end. J'ai demandé de la réalité, pas de la fiction !

J'en reviens pas ! Mademoiselle Jolibois me croit pas. C'est pas possible, ça !

– Mais je l'ai vécu. Vrai de vrai ! Tout ça, c'était dimanche au bord de la rivière.

– Non Toto ! Il n'y a que dans les films qu'on a des week-ends pareils. Ta rédaction est une super rédaction mais la bonne note, ce sera quand tu feras ce que je demande. Un point, c'est tout.

Alors là, c'est vraiment pas juste !

3

WEEK-END AU VERT

J'peux pas attendre d'être en récré pour chuchoter à mon copain Yassine la super bonne nouvelle : ce week-end, Papa et moi, on part camper en forêt.
– Bonne idée Toto, comme ça tu pourras nous rapporter un joli herbier.
C'est pas possible ! Les maîtresses, elles ont toujours une oreille qui traîne.
– Mais Mademoiselle Jolibois, j'ai rien fait. Pourquoi je suis puni ?
– Mais non Toto, ce n'est pas une punition. Pour faire un herbier, c'est très simple :

tu ramasses des feuilles, tu les classes, tu mets leur nom et voilà ! Et s'il est réussi, toute la classe ira passer une journée en forêt.
J'peux pas décevoir mes copains. Mais moi du coup, je suis obligé de faire un herbier.

En rentrant à la maison, j'ai le moral dans les chaussettes.
– P'pa, notre week-end est fichu. C'est trop nul d'avoir du travail le samedi et le

dimanche. Faut que je ramasse plein de feuilles !

– Tu exagères Toto ! Tes camarades aimeraient bien être à ta place et partir s'aérer le week-end. C'est très facile et amusant de faire un herbier. Tu vas en trouver à la pelle, des feuilles !

Papa trouve toujours les mots pour me redonner le sourire.

– Ah bon ? Alors ce sera un week-end comme on avait prévu ?

– Mais oui mon Toto. Un vrai week-end au vert ! On va profiter du grand air et se reposer. Rien de tel après une semaine sur des dossiers compliqués.

J'ai hâte d'y être. Papa ferme le sac quand… DRING ! Le téléphone fixe sonne. Puis tout de suite après, un coursier lui apporte un téléphone portable. Tout ça pour que mon papa soit joignable tout le week-end. C'est son directeur qui le dit ! Pfft… Y a pas qu'à l'école où on nous demande de travailler le samedi et le dimanche !

J'adore partir en week-end en voiture. Je regarde toujours le paysage et là, y a l'air d'avoir des feuilles partout. Alors dès qu'on arrive dans la forêt, je fonce en ramasser. Ça va super vite de faire un herbier mais quand je le montre à Papa, il a pas l'air convaincu.

– Ce n'est pas fini mon Toto ! Il faut que tu mettes ces feuilles dans le grand cahier. Mais en attendant, viens nous aider à décharger la voiture !

Je pose mes jolies feuilles par terre et soulève la glacière… Ho ! Hisse ! C'est lourd ! Claire et Papa ont emporté tout le frigidaire ou quoi ? Je rouspète un peu quand soudain, un coup de vent fait tourbillonner mes feuilles au loin. Vite, je lâche tout et cours après ma super collection.

– Toto ! La glacière !

Ben oui, elle s'est ouverte et tous les glaçons sont par terre. Il est pas content Papa mais y a des priorités dans la vie.

Et voilà, Papa est encore pendu au téléphone. Son directeur peut pas se passer de lui. Heureusement que Claire et moi assurons : on monte la tente ! Pas toute droite, toute droite, mais elle tient. Enfin pas pour longtemps car j'aperçois une super belle feuille un peu plus loin. Je fonce pour la ramasser avant que le vent l'emporte et BING ! Je me prends les pieds dans la corde de la tente… qui s'effondre.

Elle a pas de chance, Claire, elle doit tout recommencer toute seule parce que moi, j'ai mon herbier à faire.
Et dès que Papa a raccroché, je lui dis tout fier :
– Regarde P'pa ! Il est beau mon herbier, non ? Elle va être conten…
Oh non ! Mon herbier ! Il est tombé dans la rivière ! J'en ai plus qu'assez de ce vent. J'y arriverai jamais.

– Pas de panique fiston ! Tu vas voir ce que Papa sait faire.
Il est fort, mon papounet. Il va repêcher mon cahier : il se tient à une branche et avec un grand bâton, il essaie de le sortir de l'eau. CRAC ! Oh non ! La branche casse au mauvais moment. Papa tombe dans l'eau et se retrouve aussi mouillé que mon beau cahier.

Papa est encore dans la rivière quand une grosse voix résonne derrière nous.
– Hop, hop, hop ! Vous là, ça ne va pas du tout ! Je me présente : Stan Lafleur, agent des Eaux et Forêts. Premier point : cette partie de la forêt est interdite aux campeurs.

Alors on respecte la nature et on va camper ailleurs. Et pour commencer, une contravention !

Deuxième point : on est prié de ne rien jeter dans l'eau. La rivière n'est pas une poubelle : contravention numéro deux ! Et enfin, troisième point : la baignade est stric-te-ment interdite.

Alors là, trop, c'est trop ! Comme si Papa avait fait exprès de tomber dans l'eau. Mais ça, le monsieur des Eaux et Forêts veut pas le savoir.

C'est bizarre… Quand ce Stan Lafleur aperçoit mon herbier, il devient tout gentil.
– Tu fais un herbier, petit ? Sais-tu que je suis médaille d'or du plus bel herbier inter-cantonal ?

C'est pas tombé dans l'oreille d'un sourd, ça !
– Super ! Vous allez pouvoir m'aider alors.
– Impossible petit ! Je participe aussi à un concours de photo animalière et si je veux être médaille d'or, il faut que j'y aille car ça va bientôt être le brame des cerfs. À plus tard !

Pendant que le monsieur s'amuse avec les cerfs, nous, on démonte la tente et on la remonte plus loin pour gêner personne.

Puis Papa et moi, on s'occupe du feu.

– Allez Toto, tu souffles bien pendant que je mets des brindilles et des feuilles, d'accord ? Notre feu va être beau, mon Toto !

– Hé P'pa ! STOP ! Regarde, tu as mis toutes mes feuilles dans le feu.

J'en ai assez de refaire cet herbier. Ça commence à m'échauffer les oreilles, ce truc ! Papa a l'air tout gêné.

On s'explique, je me calme quand Stan Lafleur revient avec son stylo à la main.
– Hop, hop, hop ! Interdiction de faire du feu en forêt ! La nature, tu la respectes ou tu la quittes. Hop, contravention !
Il saute tellement fort sur mes feuilles qu'on dirait que ça l'amuse d'éteindre un feu ! Il a bientôt fini quand… BRAAAAAAH ! C'est le brame du cerf. Et voilà que notre « pompier » détale comme un lapin pour avoir sa photo.

Bon, le brame du cerf, c'est bien de l'entendre une fois mais toute une nuit, c'est super long ! On a pas beaucoup dormi mais Papa a quand même la pêche pour m'aider à ramasser des feuilles.
– Regarde mon Toto ! Elles seront belles dans ton herbier, celles-ci ! Il y a des feuilles de hêtre, de noisetier… Oh, le ciel s'assombrit. Il va pleuvoir. Mettons-nous vite à l'abri dans la voiture !
– T'as raison P'pa ! Tiens, pose tes feuilles là-dedans comme ça, elles seront pas mouillées.

J'comprends pas pourquoi Papa fait la tête subitement.

– Toto ! Où as-tu pris ça ? C'est MON dossier très important et où sont les feuilles qu'il y avait dedans ?

– T'inquiète pas ! Je les ai mises par terre, bien à plat.

Pfft… Papa est furieux. C'est quand même pas ma faute si la pluie qui tombe est mouillée ! Ça sèche un « dossier-très-important » ! Et nous, on va essayer de se sécher dans la voiture.

– Bravo Toto ! Mon dossier est fichu, fichu, fichu !

– C'est bête Papa. Moi, le mien est intact ! Et avec toutes les feuilles que tu m'as trouvées, mon herbier est complet. Il est beau, hein ?
Ouh là ! Il a pas envie de rire, Papa. Et Ninie vient d'éternuer sur son dossier ! Pour pas qu'elle prenne froid, il fait tourner le moteur pour actionner le chauffage. Papa commence enfin à se détendre quand ça frappe au carreau :
– Hop, hop, hop ! Pollution ! On coupe le moteur sinon « contravention » !

C'est dingue, ce Stan Lafleur ! Il a que ce mot à la bouche. Il ferait mieux d'aller recoudre son pantalon. D'ailleurs, je vais pas me gêner pour le lui faire remarquer.
– Vous avez vu votre pantalon, il est tout déchiré. Vous avez fait la course avec des animaux ?
– Moi ? Mais non, je me suis juste accroché à des ronces…
Tout à coup, j'aperçois un cerf qui arrive en trombe.
– Hum… Ce serait pas plutôt un cerf comme celui-là qui vous aurait fait ça ?

AAAH ! Pauvre Monsieur Lafleur ! Heureusement que je lui ai ouvert la portière sinon il aurait fait plein de tours autour de la voiture avec le cerf à ses trousses ! Et moi, brame ou pas, ça me fait pas peur : je crie plus fort que le cerf ! Ha, ha, la grosse bestiole a tellement peur qu'elle s'enfuit. Il en revient pas le monsieur au pantalon troué.

– Oh merci, vous m'avez sauvé ! Qu'est-ce que je peux faire pour vous remercier ? Moi, je sais…

Il est passé super vite ce week-end et quand j'arrive en classe, Mademoiselle Jolibois me demande de montrer mon herbier à toute la classe.

– Merci Toto pour ce magnifique herbier et pour tous les noms savants que tu nous as appris. Je crois qu'on va tous aller en forêt.

Mes copains sont super contents ! Et moi aussi… Je vais me rasseoir quand soudain Mademoiselle Jolibois veut feuilleter mon herbier. Moi, j'ai pas vraiment envie qu'elle le voie de trop près.

– Bon Toto, tout ça est intéressant. Mais dis-moi juste une chose : depuis quand t'appelles-tu « Stan Lafleur, agent des Eaux et Forêts » ?

– Ben… Euh… Vous m'avez dit de *rapporter* un herbier, pas de le faire moi-même ! Et pourtant, j'ai essayé, vous savez…
– Totoooo !
Je comprends pas que la maîtresse se mette dans un tel état. Des feuilles, c'est toujours des feuilles. Et peu importe si c'est Stan ou Toto qui les ramasse, non ?

4

TOTO L'ARTISTE

Pauvre Papa, il a pas la pêche aujourd'hui. Il a super mal à la tête et au dos. Alors avec Yassine, on essaie de faire le moins de bruit possible. On joue à la Tour Infernale et c'est pas facile de pas la faire tomber.
DING ! DONG ! Ah, c'est Maman qui vient nous chercher ! Comme ça, Papa va être au calme. Je suis tellement heureux de la voir que je lui saute au cou.
– Hé M'man ! Tu nous emmènes au Vidéo Center ?

– Ah non mon chéri. Mais vous allez voir, j'ai une surprise pour vous !

J'aime bien les surprises de Maman même si on a pas toujours les mêmes goûts. Soudain, je remarque qu'elle a une trace sur le visage.

– C'est quoi ça, M'man ?

– Oh rien. Juste de la peinture. Je décore la cheminée à la maison pour faire une surprise à Fabrice. Tu sais que l'art m'a toujours intéressée.

– Ça veut dire qu'il y aura une nouvelle cheminée lorsque je viendrai samedi prochain ?

– Oui mon chéri.

Trop cool ! Ma maman, c'est vraiment une artiste ! Je comprends mieux pourquoi elle nous emmène au musée. C'est pas comme le Vidéo Center : au mur, y a des tableaux avec de drôles de traits dans tous les sens.

– Hé Yassine ! Tu crois qu'il y a moyen de s'amuser dans un musée ?

– Ça m'étonnerait…

Tout à coup, j'ai une idée ! J'suis sûr que les sons doivent bien résonner dans des salles aussi grandes. Alors Yassine et moi, on dit plein de « ohé-ohééé ! ». C'est génial ! L'écho se fait entendre super loin.

Hélas, Maman a pas l'air d'apprécier.
– CHUT les garçons ! Dans un musée, on doit parler doucement.
Pfft… C'est pas drôle. C'est comme chez Papa avec sa migraine. Elle est bizarre Maman. Là, elle s'extasie devant un tableau rouge avec des espèces de croûtes dessus. On dirait de la sauce bolognaise ! Et quand j'essaie de le toucher, elle me lance :

– Non Toto ! On touche seulement avec les yeux !
– Avec les yeux ? Mais c'est pas possible, M'man ! On a pas de mains aux yeux.

Yassine et moi, on suit Maman et on chuchote devant des œuvres d'art quand tout à coup, j'aperçois des hommes en train de toucher à plein de choses. Ils ont pas l'air de connaître les règles d'un musée, eux ! Je vais le leur rappeler.

– Hé M'sieur ! Ma maman dit qu'on touche seulement avec les yeux…

– Écoute mon p'tit bonhomme, tu es gentil mais nous, on travaille !

C'est ça, c'est ça… Je le crois pas ce monsieur qui-se-prend-pour-un-ouvrier.

Alors j'appuie sur le gros bouton du signal d'alarme et… HUIIIIIII ! Dès que la sirène retentit, hop ! Une grille se baisse pour fermer chaque salle du musée. Comme ça, les voleurs sont coincés. À commencer par ce drôle de monsieur. J'suis pas trop rassuré car il s'avance vers moi…

– Pourquoi t'as fait ça, gamin ?

– Ben… Euh… Faut pas toucher aux œuvres. C'est ma maman qui le dit !

– Mais enfin mon p'tit gars ! Comment on installerait les tableaux et les sculptures ? Faut toucher, au contraire !

Alors là, je sais plus trop qui croire. En tout cas, l'art commence à m'intéresser. Et ça tombe bien car je vois une super sculpture. Et comme j'suis moi aussi un peu artiste, je l'arrange à ma façon. Seulement Maman a pas les mêmes goûts que moi.

– Toto ! Qu'est-ce que tu as fait ?

– Ben quoi ? Un monsieur m'a dit qu'on pouvait toucher aux œuvres.

Maman est furieuse mais quand elle nous entraîne vers la sortie, j'entends un visiteur dire devant « ma » sculpture que c'est une œuvre de génie !

J'suis tellement heureux d'être reconnu comme artiste que, dès que je rentre chez Papa, j'ai qu'une envie : créer une œuvre !

Alors, je réfléchis à ce que je vais faire. BINGO ! J'ai trouvé ! Une sculpture-arbre-multimédia. Pour commencer, j'ai besoin de l'halogène du salon : c'est parfait pour faire le tronc. Bon maintenant, pour les branches, je vais prendre des cintres. Pas mal, pas mal... Manque plus que de la bonne ficelle pour attacher mes feuilles dessus. Voyons... Qu'est-ce que je vais prendre... Oui ! Des CD ! C'est pas facile, facile de faire tenir une sculpture-arbre-

multimédia ! Mais bon, j'y arrive. Et voilà, j'ai plus qu'à la brancher et… Waouh ! C'est super beau ! J'admire mon œuvre de génie quand… Oh non ! Papa arrive et se prend les pieds dedans…
Ouf ! Y a pas trop de dégâts : mon arbre-multimédia est solide, c'est pas comme le dos de Papa qui s'est recoincé.
– Bouge pas P'pa ! Je vais prendre une photo. T'es trop beau au milieu de ma sculpture.
– Aide-moi plutôt à me relever, j'ai mal !

Le lendemain, à la cantine, j'ai une super idée de sculpture et ça tombe bien parce que Madame Blanquette est appelée par Madame Péchoton. Vite, je soulève mon assiette, je la pose sur ma fourchette et je plante celle-ci dans un gros morceau de pain pour faire tenir le tout. Yassine est super fier de moi.

– Waouh ! Tu vas voir, Olive ! Toto fait des sculptures incroyables.

– Tiens Toto, prends la corbeille de pain, ça fera joli ! Regarde, on dirait un éléphant de l'espace !

– Merci Junior, c'est super chouette !
– Prends ça pour faire la trompe !
– T'as raison Justine ! Hé les copains, elle est super belle ma sculpture comme ça ? On admire tous mon œuvre de génie quand Madame Blanquette revient en hurlant. On sursaute ! Résultat : tout s'effondre. Elle est peut-être en colère la surveillante mais MOI AUSSI : elle y connaît rien à l'art !

En tout cas, ça a donné une idée à la maîtresse parce que dès qu'on rentre en classe, elle nous annonce :

– Bien ! Étant donné ce qu'il s'est passé à la cantine, j'ai décidé de vous faire une initiation aux arts plastiques avec de la terre glaise mais attention, dans le calme ! C'est compris ?

On est tous super contents ! La terre glaise, c'est génial. Je fais équipe avec Jonas tandis qu'Olive et Carole sont juste à la table d'à côté.

Elle est chouette Mademoiselle Jolibois parce qu'elle nous encourage tous.
– Bien ta tête de clown Junior ! Et vous Olive et Carole, très bonne idée les pyramides ! Et toi Toto ? Mais oui, toujours le foot ? Continue…
J'étais sûr que la maîtresse trouverait mon œuvre jolie. Mais voilà que Carole vient nous déranger :
– Notre sculpture est plus jolie, la-la-la-lalère !
– C'est ça… En tout cas, la nôtre est plus grande.

Il a raison Jonas ! Qu'est-ce qu'il lui prend à Carole ? Elle est jalouse ou quoi ? Et la voilà maintenant qui met un gros tas de glaise sur sa pyramide pour l'agrandir. Ça nous plaît pas du tout ! Alors Jonas et moi, on fait pareil sur notre ballon de foot. Pas question d'avoir une sculpture plus petite que celle de Carole et Olive ! On est tous tellement énervés qu'on finit par se lancer des boules de terre glaise. Mais Carole sait pas viser et Mademoiselle Jolibois s'en prend une en pleine figure.

– Ça suffit ! Au lieu de vous battre, dites-moi plutôt ce que vos œuvres signifient !

J'sais pas quoi répondre parce que notre ballon de foot ressemble plus trop à rien. BINGO ! J'ai l'idée de tracer deux yeux, un nez, une bouche et un joli sourire dessus puis j'annonce :

– Regardez Mademoiselle Jolibois. C'est vous ! N'est-ce pas une œuvre de génie ?

Elle a retrouvé le sourire, la maîtresse !

Pfft… Papa veut pas de ma sculpture chez lui alors on l'emporte chez Maman et Fabrice. Elle, au moins, elle apprécie les œuvres.

– Merci Toto ! C'est vraiment très joli. Ça va très bien avec la nouvelle cheminée. Je suis sûre que Fabrice aimera quand il rentrera.

Elle a raison Maman. Fabrice et Papa ont jamais les mêmes goûts alors il la trouvera forcément jolie, ma sculpture.

Seulement faut trouver le bon endroit pour que les œuvres d'art soient bien mises en valeur.

– M'man, ma sculpture serait mieux de l'autre côté du salon. Y a plus de lumière. C'est pas facile d'être chef de chantier mais j'arrive bien à diriger mes parents.

– Encore un peu plus à droite… Non plus à gauche, reculez encore un peu… Là, voilà ! Attends P'pa, tourne-la juste un tout p'tit peu sur…

– AÏÏÏÏE ! MON DOS !

Oh non ! Papa s'est encore coincé le dos et il a lâché ma sculpture sur la cheminée. Maman est catastrophée.
– Ma cheminée toute neuve ! Elle est cassée… C'était ma surprise pour Fabrice. Oh non…
Et voilà Fabrice qui arrive.
– Salut tout le monde ! Vous en faites une tête !? Et c'est quoi cette horreur ?
Comment ça une horreur, MA sculpture !?

– Tu trouves pas que c'est une œuvre de génie ?
– Ah non Toto, désolé. Ce n'est pas beau. En revanche, cette cheminée en étoile, j'adore ! Ça, c'est une œuvre de génie !
Maman est soulagée mais j'crois que Papa a raison finalement : Fabrice a des goûts vraiment bizarres…

5

MON PÈRE CE HÉROS

Aujourd'hui, c'est rigolo en classe : on peut sculpter ce qu'on veut. Bon, j'suis moins doué que Jonas mais j'peux pas être bon partout… Tout à coup, Mademoiselle Jolibois nous annonce :
– Les enfants, nous allons faire une sortie au musée d'Art contemporain.
– C'est quoi l'art contemporain ?
– Eh bien Toto, c'est de l'art d'aujourd'hui, fait par des artistes vivants.
– Ah bon ? Parce que y a de l'art fait par des artistes morts ?

– Mais non, Toto. Il y a de l'art contemporain et de l'art ancien, fait autrefois, tu comprends ?

– Ah d'accord ! C'est de l'art d'occasion quoi !

Ma blague fait rire tous mes copains.

– Du calme les enfants ! En attendant, j'aurais besoin de parents pour nous accompagner.

– Mon père sera d'accord !

– Le mien aussi ! D'ailleurs, il a tous les livres de peintres morts et vivants.

Il m'énerve Jonas. Faut toujours qu'il se vante ! Je vais lui expliquer moi qui est mon père.

– Je te signale que mon père adore les enfants et qu'il a même une tasse de la Joconde pour boire son café !

– N'importe quoi ! Moi, mon père, il a la Joconde dans le salon, en fond d'aquarium. C'est trop la classe !

Cette fois, je vais lui clouer le bec à Jonas.

– Tu sais quoi ? Mon papa, c'est Super Accompagnator !

Et voilà, le Jonas, il sait plus quoi dire.

Quand je rentre à la maison, le plus dur reste à faire : convaincre Papa de venir au musée.

– Désolé Toto, c'est impossible. Je n'y connais rien en musée. Je serai ridicule à côté de Mademoiselle Jolibois.

– Mais pas du tout, P'pa ! Je vais t'aider. Regarde, c'est hyper simple l'art. Tu vois ce vase. Eh ben, c'est de l'art contemporain. Je soulève le vase pour ne pas dire de bêtise et BINGO ! J'ai trouvé dessous le nom de l'artiste qui l'a fait.

– Écoute P'pa ! L'artiste s'appelle « Made in China ». Tu vois, c'est pas compliqué l'art !

– N'insiste pas Toto. Je ne me sens vraiment pas à l'aise.

Quand il veut pas mon papa, il veut pas. Seulement moi, j'suis têtu et là, j'ai une super idée. Je téléphone en cachette à mon copain Yassine et lui explique mon plan.

Il est chouette mon copain car deux minutes après notre conversation, il m'appelle. Je fonce dans l'entrée pour décrocher et crie bien fort à Papa qui travaille dans son bureau.

– Je prends !
Et là, pour qu'il entende, je parle bien fort dans le téléphone :
– Ah bonjour Mademoiselle Jolibois ! Quoi ? Le musée est fermé ? Et on va à

Luna Park !? Ça alors, attendez ! Je vais demander à mon père.

Je cours dans le bureau de Papa et continue de faire comme si j'avais la maîtresse en ligne. C'est pas facile de garder mon sérieux avec Yassine qui rigole dans le téléphone.

– Bon… D'accord Toto. Je vous accompagnerai mais passe-moi ta maîtresse.

– Trop tard P'pa, elle a raccroché.

J'suis super heureux que Papa vienne avec nous. Quand on arrive devant l'école, le car est déjà là et Mademoiselle Jolibois est contente de voir Papa.

– Merci Monsieur d'accompagner la classe.

– C'est un plaisir ! J'adore les sensations fortes, on va bien rigoler.

Elle est un peu étonnée la maîtresse de ce que dit mon papa. C'est normal ! Elle, elle sait pas que Papa sait pas qu'on va au musée et lui, il sait pas qu'il va pas à Luna Park.

Ha, ha ! Yassine et moi, on rigole car ils sont pas du tout sur la même longueur d'onde. Et voilà que Papa ajoute :
– Ce que je préfère moi, c'est le Grand 8 !
– Le Grand 8 ? Tiens, je ne connais pas cette œuvre. C'est de qui ?
– De Luna Park !
Pauvre Mademoiselle Jolibois, elle comprend rien.
– Mais de quoi parlez-vous Monsieur ? Je vous parle du musée d'Art contemporain où nous nous rendons.
– Au musée ? Mais qu'est-ce que… Totoooo !

Aïe ! Yassine et moi, on en mène pas large. Je dis toute la vérité à Papa et lui répète que j'suis le petit garçon le plus heureux de la terre qu'il vienne avec nous au musée.

Et ça, ça le fait craquer. En plus, tous mes copains crient de joie : « Super Accompagnator ! Super Accompagnator ! »

Waouh ! C'est immense un musée. Ça résonne dans le hall. Papa est un peu timide. Mademoiselle Jolibois nous annonce tout de suite :

– Les enfants, nous allons faire deux groupes. Un avec moi et un avec Jérôme dit Super Accompagnator. Puis on se retrouvera à la fin de la visite dans la salle Bibi Klou. Tenez Jérôme, prenez un audio-guide au cas où…

Moi, je vais dans le groupe de mon père parce qu'il faut vraiment que je l'aide.

Et ça commence dès le premier tableau : Papa sait pas trop quoi dire et il sait pas se servir de l'audio-guide.

– Donne-moi ton audio-guide, Papa. Ces trucs-là, c'est comme avec mon robot Monsieur Incorrigible. Quand ça marche pas, faut juste les remuer un peu. Je le secoue dans tous les sens mais il m'échappe des mains et tombe par terre. Ben voilà, il est cassé. Papa est pas content. Heureusement ma copine Olive lui remonte le moral :

– Ce n'est pas grave Monsieur. Vous pouvez sûrement faire le guide… sans guide.

Pauvre Papa, il sait pas trop où aller dans le musée. On se retrouve dans les escaliers de secours. Et ça, ça fait bien rire Jonas.

– Ha, ha ! Ton père, c'est plutôt Super Trompator ! Le mien, il connaît tout le musée par cœur.

Alors ça, je supporte pas qu'on se moque de mon père.

– Ouais mais en attendant, ton père, il a préféré inaugurer des tongs.

Et toc ! Là, le Jonas, y sait plus quoi dire.

Ouf ! Ça y est ! Papa commence à être à l'aise et dit des trucs rigolos devant les tableaux. Et quand il nous guide vers une grande salle avec plein de sculptures, on l'écoute tous attentivement.

– Alors les enfants, vous êtes ici dans la salle de Bibi Klou et de son modèle : le géant Jo ! Nous allons découvrir les objets qui l'ont marqué à savoir cette énorme boule de bowling qu'il collectionnait parce que les balles

de ping-pong étaient trop petites pour ses grosses mains…

Mon papa parle bien.

– Et pour finir les enfants, voici les jouets du géant.

Alors pour rendre cet art encore plus vivant, je vous invite à imiter les positions de ces sculptures.

C'est rigolo !

J'suis sûr qu'aucun autre guide a l'idée de faire ça avec les enfants. Et maintenant, il nous demande de faire une belle pyramide comme le modèle devant nous : pas facile de garder l'équilibre mais en tout cas, on est applaudis par des visiteurs.

– Bon les enfants, il faut maintenant revenir dans la salle de Bibi Klou pour rejoindre le groupe de Mademoiselle Jolibois. Si vous voulez bien me suivre… C'est par là !

J'en reviens pas. On dirait que Papa a été guide toute sa vie et je me gêne pas pour lâcher à Jonas :

– Alors tu vois, mon père, c'est vraiment un spécialiste de l'art. C'est Super Accompagnator quoi !

Hé, hé ! Là, je vais plus l'entendre Môssieur Jonas.
Papa se repère tellement bien dans le musée qu'on arrive avant Mademoiselle Jolibois. En attendant, c'est bizarre ce qu'il peint ce Bibi Klou : y a juste une immense toile blanche avec des pois rouges de différentes tailles dessus. Ah ça y est ! La maîtresse est enfin là et j'ai comme l'impression qu'elle veut tester mon papa sur ses connaissances en art.

– Alors Jérôme, je vois que les enfants ont l'air ravi de la visite que vous leur avez faite. Mon groupe aimerait aussi en profiter. Vous voulez bien nous dire ce que représente ce chef-d'œuvre de Bibi Klou ?

Elle y va fort Mademoiselle Jolibois. C'est une sacrée colle, ça ! Faut vite que mes copains et moi, on aide Papa ! Ouf ! Yassine fait tout de suite celui qui sait devant un gros rond rouge.

– Alors là, maîtresse, c'est quand le géant Jo a voulu faire de la peinture avec son doigt…

– Et là, c'est quand le géant Jo a éclaté un troll… Le sang a giclé partout !
Trop fort l'idée de Junior ! C'est vrai qu'on dirait des éclaboussures de sang. Alors moi, j'en rajoute une couche.
– Vous voyez tout ce blanc Mademoiselle Jolibois, eh ben, c'est comme quand je suis devant mon devoir de maths, je sais pas quoi écrire… Ce Bibi Klou a pas dû savoir quoi mettre à cet endroit. Voilà…

La maîtresse réfléchit un peu à tout ce qu'on vient de dire puis elle lance à Papa :
– Hum… Je vois que vous avez su débloquer leur imagination et les sensibiliser à l'art contemporain… Super Accompagnator !

Papa est tout gêné mais il a l'air quand même content et Mademoiselle Jolibois aussi parce qu'elle ajoute :
– Ça vous dirait de nous accompagner à la prochaine sortie au musée d'Art égyptien ?

Mes copains et moi, on est super heureux. On veut pas d'autre guide que mon papa. Et comme les maîtresses, ça a toujours le dernier mot, Papa accepte !

6

LA DÉCO SELON TOTO

Quand Maman est au téléphone avec sa copine Marie-Charlotte, y en a pour des heures. Heureusement que je sais m'occuper ! Je fais de belles bulles dans le couloir et là, c'est génial parce que j'ai réussi à en faire une super grosse. Euh, un peu trop même… Oh non ! Ma bulle s'écrase sur le tableau japonais de Maman. Elle l'adore en plus ! Pourtant, c'est juste une montagne ! J'essuie vite avec ma manche. Voilà, c'est tout sec mais j'ai dû frotter un peu trop fort sur la peinture.

Je m'applique pour arranger la montagne quand j'entends Maman dire à son amie :

– C'est exactement ça, Marie-Charlotte. Il faut tout changer sinon je m'en vais. Il me faut un décor plus zen. Et de l'air... Et de la lumière ! Bref, une ambiance propice à la réflexion sinon je pars ! Ouh là, il faut que j'aille travailler. Au revoir !

Ça alors !? Maman a envie de s'en aller. C'est pas possible. C'est MA maman ! Faut que je trouve vite quelque chose pour l'en empêcher.

Je suis tout triste quand Maman passe en coup de vent devant moi. Ouf ! Elle a pas vu sa montagne japonaise.

– Toto ! Que fais-tu dans ce coin ? Occupe-toi ! Je ne sais pas moi, dessine ou peins !

– Super idée M'man ! Mais au fait, pour la déco, je…

– Ne me parle pas de déco mon chéri, surtout pas en ce moment ! Bon, je suis en retard. Bonne Maman va arriver pour te faire manger et vérifier tes devoirs. À ce soir !

Ça m'inquiète ce qu'elle a dit à son amie Marie-Charlotte. Si je veux retenir Maman, il faut que je change la déco. Voyons… Elle a dit de la lumière… Facile ! Ces deux poufs vont me servir d'échelle et hop, hop, hop ! Je tire bien sur les rideaux. Gagné ! Waouh ! Ça fait tout de suite plus clair une baie vitrée sans rien. Qu'est-ce que Maman a dit aussi ? Ah oui ! Elle veut de l'air… Ben y a juste à ouvrir les fenêtres, c'est tout.

J'suis en plein aménagement quand Bonne Maman arrive.

– Ça a changé ici, non ?

– C'est Maman, elle veut plus de lumière et plus d'air !

– Tu sais, pour avoir vraiment plus de lumière, il faudrait déjà repeindre les murs ! En attendant Toto, je te prépare un jambonneau aux épinards pour midi car je suis sûre que tu ne manges jamais de légumes verts.

Pfft… C'est dingue ! Dès que Bonne Maman vient me garder, faut qu'elle me fasse des épinards. Y a d'autres légumes verts quand même ! Bon, pas de temps à perdre !

Pendant qu'elle cuisine, moi, j'ai quelque chose de plus important à faire : repeindre les murs.

Heureusement que j'ai toujours des craies de couleur dans ma chambre ! Je dessine plein de fleurs, des maisons et un soleil sur le mur du salon. Et j'appelle Bonne Maman pour qu'elle vienne admirer mon beau paysage. Mais tout ce qu'elle trouve à me dire de la cuisine, c'est :

– À table et dépêche-toi ! Les épinards froids, ce n'est pas très bon.

Comme si c'était bon, chauds… Je comprends pas que ça existe, moi, les épinards mais Bonne Maman veut rien savoir :

– Bon Toto, avale vite car mon feuilleton *Les Feux des sentiments de l'été* commence bientôt et je n'ai pas envie de le rater à cause de toi.

La télé, la télé, y a pas que la télé dans la vie ! Et moi, j'ai une question à poser :

– Dis Bonne Maman, qu'est-ce que ça veut dire « zen » ?

– Je n'en sais rien Toto… Mange !

– Ah bon ? Je croyais que tu savais tout.

– Ce que je sais Toto, c'est que tu ne sortiras pas de table avant d'avoir fini tes épinards !

Là, je sais pas si mes épinards sont froids mais Bonne Maman commence sérieusement à m'échauffer les oreilles.

– C'est pas étonnant si j'ai des mauvaises notes. Dès que je pose une question, on me fait taire. Je peux pas m'instruire alors. Et toc !

– Écoute-moi Toto ! Dès que tu auras fini, tu iras voir dans le dictionnaire à la lettre « Z » pour ton zen. Moi, je vais allumer la télé.

Hé, hé, elle a raison d'aller dans le salon Bonne Maman. Comme ça, ni vu ni connu, je cache mon assiette pleine d'épinards dans le frigo. Ma mamie a dû avoir des remords parce que c'est elle qui cherche le mot dans le dictionnaire.

– Alors le zen, c'est le calme, la méditation, le vide…
– Le vide ?
– Oui mon bonhomme. Le vide parce qu'il aide à la méditation. D'ailleurs, à propos de méditation, je vais méditer un peu devant mon feuilleton et après, je m'occupe de tes devoirs.
C'est dingue, ça ! Devoirs, devoirs… Les adultes ont que ce mot à la bouche.

Quand Bonne Maman regarde la télé, elle fait plus de bruit que les acteurs de son feuilleton. Pendant qu'elle ronfle, j'ai le temps de faire le plein de « zen » dans le salon. Je pousse des meubles, j'enlève des objets qui font pas joli et je tire le canapé pour le mettre dans un coin mais avec Bonne Maman dessus, c'est hyper dur. J'suis pas Monsieur Incorrigible, moi !

– Mais qu'est-ce que tu fais Toto ?

– Je fais du zen dans le salon pour que Maman veuille plus déménager.

Pauvre Bonne Maman, elle est complètement endormie.
– Du zen ? Pour que ce soit zen ici, il faudrait tout jeter.
Tout enlever ? Mais pour mettre où ? On a pas de grenier, nous ! Et voilà Bonne Maman qui ronfle encore. BINGO ! J'ai une idée : j'appelle Yassine, il a peut-être de la place chez lui. Raté… Sa cave est trop petite et il comprend pas ce que je veux faire :
– C'est super joli chez ta mère.
– Oui mais elle menace de s'en aller si je change pas le décor. Elle veut du zen !

– Du zen ? Oh là là ! Avec un nom comme ça, ça doit coûter cher !
– T'inquiète Yassine ! D'après ma Bonne Maman, il suffit de tout jeter.
– Ah bon ? Eh ben, t'as qu'à appeler un vide-grenier !
Il est super mon copain. Il a toujours des idées géniales ! Vite, j'appelle un spécialiste. C'est pas facile de prendre une voix de grand quand on est un enfant mais je me débrouille pas mal du tout :
– Oui Monsieur ! C'est bien ça, faut vider

toute la pièce sauf le canapé parce que ma Bonne Ma… enfin, parce que y a quelqu'un qui dort dessus. Et pas la télé parce que je la regarde. Ah j'allais oublier : il faudrait venir tout de suite. C'est possible ? Parfait ! Je vous attends.
C'est de l'organisation tout ça ! Si Maman a encore envie de partir après tout ce que je fais pour elle. Ça y est ! C'est super zen dans le salon. Ils ont été rapides les déménageurs et Bonne Maman a rien entendu. Je regarde la télé quand elle pousse soudain des cris épouvantables.

– TOTOOOO ! On a été cambriolés !
Là, je panique :
– Comment ça ? Par qui ? Quand ?
– Je ne sais pas Toto ! Je dormais !
– Mais qu'est-ce qu'ils ont pris les voleurs ? Pas ma collection de Monsieur Incorrigible, j'espère !
– Regarde autour de toi Toto ! Ils ont tout pris !
Ouf ! Là, je comprends mieux ce que dit Bonne Maman.
– Ah ça ? T'inquiète pas ! C'est moi. J'ai tout donné à un vide-grenier pour faire du zen à Maman.

– QUOI ? Du ZEN ? Mais Toto, tu te rends compte que ta mère n'a plus de salon ?

– Mais tu m'as dit tout à l'heure que le zen, c'était le vide et qu'il fallait tout jeter. Regarde comme c'est joli ma déco sur les murs.

J'ai jamais vu Bonne Maman dans cet état. Elle aurait mieux fait de pas s'endormir devant *Les Feux des sentiments de l'été*. Elle panique complètement.

– C'est la catastrophe Toto ! Si ta maman voit ça ! Et moi qui devais te surveiller… Allez vite, nettoie ce mur. Elle va arriver dans une dizaine de minutes et…

Raté ! Maman est arrivée et elle est juste derrière moi. Elle en revient pas.

– Mais qu'est-ce qu'il s'est passé ? Un cambriolage ?

Fabrice aussi est super étonné.

– Et où est mon fauteuil préféré ?

C'est pas facile de s'expliquer mais j'suis courageux.

– Ben… Chez un vide-grenier.

Bonne Maman est pas trop à l'aise non plus.

– Oui, Toto a raison… Voilà… Tout est dans un vide-grenier mais ne vous inquiétez pas, il a gardé le numéro de téléphone. N'est-ce pas Toto ?

Bien sûr que j'ai le numéro, j'suis organisé moi ! Mais j'suis super triste de voir le visage malheureux de Maman.

– Je voulais te faire du zen car tu as dit à Marie-Charlotte au téléphone que tu partirais si la déco changeait pas et moi, j'veux pas que tu t'en ailles.

– Mon pauvre petit bonhomme. Ce n'est pas ici que je voulais une ambiance plus zen mais au bureau.

OUAIS ! Maman reste ici avec moi ! J'suis tellement heureux que je lui fais un gros bisou.

Pendant ce temps, Fabrice téléphone au Monsieur pour qu'il rapporte vite les meubles, les tapis, tout quoi… Maman est soulagée, elle a retrouvé toute sa déco. Enfin tout sauf son tableau japonais.

– Tiens, il me manque mon estampe japonaise. Qu'est-ce que tu en as fait Toto ?

– Ah ce machin-là ? Oh, il était pas assez « zen » alors avec Bonne Maman, on a préféré s'en séparer.

J'ai l'impression que Maman apprécie pas trop ma réponse.

– Ah bon ? Eh bien, je connais moi aussi quelque chose qui n'est pas assez « zen » ici, Toto : la télé ! Fabrice, aide-moi à la tourner vers le mur. Voilà, c'est bien plus « zen » comme ça. Tu ne trouves pas Toto ? Et elle restera là jusqu'à ce que je trouve quelque chose pour remplacer ma belle estampe japonaise.

Pfft… J'peux plus regarder la télé mais au moins Maman déménage pas comme je le croyais, c'est déjà ça…

7

LA PHOTO À TOTO

C'est bizarre, quand j'arrive dans la salle de bains, Papa se met à sursauter. On dirait qu'il se souvient plus qu'il a un fils.
– Ah, Toto ! Déjà levé ?
– Ben oui, Papa ! C'est lundi, aujourd'hui. Mais tu as raison, je vais me recoucher. Incroyable ! Une chance comme ça, j'peux pas la laisser passer.
– Pas question, jeune homme! À la toilette ! Aujourd'hui, c'est la photo de classe ! Tiens, je t'ai préparé tes affaires, là, sur la corbeille à linge.

Qu'est-ce qu'il lui prend, à mon papa ? C'est pas Carnaval ! À tous les coups, il a dû sortir ces vêtements d'une vieille malle de déguisements !

Y a un pantalon bleu marine avec un drôle de pli devant, une chemise à carreaux toute repassée et une paire de bretelles. De quoi je vais avoir l'air ? Alors, je m'enferme dans la salle de bains et je m'habille comme d'habitude. Je sens que Papa s'impatiente derrière la porte, mais, hé, hé, je l'ai fermée à clé, histoire d'être tranquille… C'est une pile, mon papa, ce matin, tout ça parce qu'il a une grosse réunion avec son directeur.

Il va peut-être avoir une séance photo, lui aussi… C'est vrai qu'il est élégant, dans son costume. En tout cas, quand je sors de la salle de bains, il en revient pas.

– Mais… mais, Toto ! Où sont tes vêtements tout bien repassés ?

– Oh, ils ont pas bougé, P'pa ! Je les ai pas touchés, c'est beaucoup trop risqué ! Regarde, à la place, j'ai mis mon jean, mon beau T-shirt et mes baskets ! Et ma casquette, bien sûr !

Ouh là ! Quand Papa me regarde sans rien dire, avec ses gros yeux tout noirs, c'est qu'une mouche l'a piqué ! Et moi, j'ai intérêt à filer droit… Ma p'tite sœur Ninie, elle, ça la fait bien rire. C'est pas facile d'être un enfant, faut toujours obéir aux grands, même quand ils ont tort ! Du coup, pas le choix, j'enfile ma tenue de carnaval… C'est horrible. J'me reconnais pas !

En plus, Papa m'a aplati tous les cheveux. J'ai plus une seule mèche de travers. Pfft… Elle va être d'un triste, ma photo de classe ! Quel cauchemar, j'ai même pas le droit de bouger avec ma chemise à carreaux ! Moi aussi je dois me tenir à carreau pendant tout le petit déjeuner. Et comme si j'étais un bébé, Papa étale même le chocolat sur ma tartine ! D'ailleurs, il a peur que je me tache.

– Ouvre la bouche, Toto, et ne bouge pas tes mains ! Dès que tu touches à quelque chose, tu te salis !
Il a pas confiance en moi, mon papa, mais il devrait plutôt surveiller sa cravate qui trempe dans le bol de céréales ! Ninie trouve ça rigolo que Papa me fasse manger, mais s'il continue à me farcir la bouche comme ça, je vais tout recracher sur ma « jolie » chemise…
DRING ! DRING ! Ouf ! Le portable de Papa sonne. Je vais pouvoir respirer un peu !

C'est Maman qui veut savoir si tout va bien et si je suis beau pour la photo.
– Oui, oui, Sylvie, ne t'inquiète pas. Il est bien habillé comme convenu.
C'est dingue, ça ! Même divorcés, mes parents se tiennent au courant de tout ce que je fais !
Et ça discute, ça discute... Et moi, en attendant, je suis coincé. J'peux pas manger et j'ai faim !

Pendant que mes parents discutent encore, j'en profite pour prendre la nappe entre mes dents, normal, puisque j'ai pas le droit de mettre les mains ! Et hop ! Je la tire vers moi pour attraper la bouteille de lait… Elle s'approche, je vais bientôt l'avoir… quand Papa paniqué se jette à plat ventre sur la table, saisit la bouteille de lait, sans faire attention au jus de fruits… qu'il renverse.

Et qui en a partout ? Mon papa chéri ! En tout cas, moi, j'ai rien, pas une goutte de jus d'orange, pas une tache de chocolat sur ma chemise, rien ! Là, faut que je lui remonte le moral, à mon papa.

– Tu sais, P'pa, moi, c'est pareil : je m'habille en propre et cinq minutes après, je suis sale ! Ça doit être de famille…

Bon, c'est l'heure de partir à l'école. Je veux pas y aller comme ça ! Papa s'est rhabillé tout beau et moi, je suis tout laid. C'est pas juste ! Alors, je m'agrippe à la porte du hall de l'immeuble et freine de toutes mes forces avec mes pieds.

– P'pa ! J'peux pas aller à la photo avec cette tête !

– Lâche cette porte, Toto ! On va être en retard !

Pauvre Papa, il essaie de me tirer vers lui, mais il y arrive pas parce qu'il tient Ninie dans un bras et son attaché-case de l'autre ! Et puis, faut reconnaître que je suis costaud ! Avec les super cours de Mademoiselle Gossein, j'ai que du muscle ! Enfin, au bout d'un moment, je suis obligé de céder, tout ça parce que j'suis un-petit-garçon-mignon-qui-obéit-à-son-papa… Et comme il sent que je suis très contrarié, il essaie de m'expliquer :

– Tu sais, Toto, à ton âge, j'étais comme toi !

– Avec la même tête ?

– Mais non, j'étais comme moi… Enfin, comme toi, mais pareil que moi… Bref, je m'habillais comme ça !

Ouh ! Il s'embrouille, mon papa. C'est pas facile de le comprendre. Il veut que je m'habille avec ses affaires de quand il était petit, sauf qu'on a changé de siècle et que la mode est plus la même !

D'ailleurs, quand on croise mon copain Yassine, il dit tout de suite que son grand-père a la même chemise à carreaux ! Ben voilà, maintenant je ressemble à un vieux pépé. Elle va être chouette la photo… Mais ça, Papa, il s'en fiche. Tout ce qui l'intéresse, c'est de vite déposer Ninie à la crèche.

– Bon, Toto ! Je reviens tout de suite. Tu ne BOUGES PAS d'ici, compris ?

J'en ai assez, moi ! Au petit déjeuner, faut pas bouger les mains et là, faut pas bouger les jambes ! J'suis pas une statue, quand même !

Il a de la chance, Yassine, il a le droit de marcher sur le trottoir, mais moi, j'obéis encore : je reste droit comme un piquet, mais voilà qu'un bus arrive super vite. Et le chauffeur roule hyper près du trottoir et comme il a plu, PCHIIIIIT ! Il m'éclabousse partout ! C'est rigolo, on dirait que j'ai pris une vague en pleine ville ! Seulement, quand Papa ressort de la crèche, il fait une drôle de tête.

– Toto ! Qu'est-ce qui s'est passé ?
– C'est le bus, P'pa, moi j'ai pas bougé, comme tu m'as dit !
– Mais comment on va faire pour la photo ?
Pauvre papa, il a l'air désespéré… C'est pas grave que mes carreaux soient mouillés, surtout que j'ai une super idée !
– Et si j'allais à l'école en slip ?
– Impossible, Toto… Impossible… Non, il te faut d'autres vêtements…
Cette fois, il a raison, mon papa ! Les magasins viennent juste d'ouvrir, en plus.

Ouais ! Génial ! Je vais avoir des habits de mon siècle ! Le bus a vraiment bien fait de passer dans la rue en même temps que moi… Il est sympa, mon copain Yassine : il m'attend encore sur le trottoir, mais j'en ai pas pour longtemps, je sais ce que je veux ! Ça y est ! J'ai trouvé : un jean comme j'aime, des super baskets Alaclass et un polo flashy ! J'enfile le tout dans une cabine d'essayage, mais faut être acrobate pour s'habiller dans un truc aussi étroit.

– Dépêche-toi, Toto ! On n'a pas toute la matinée…

– Oui, oui, P'pa, mais attends, je vais comparer ma tenue avec celle des voisins !

Pffft… Je sais pas ce qui lui prend, à Papa ! Il me cherche partout dans les cabines : il les ouvre toutes et comme elles sont occupées, il reçoit des gifles par toutes les femmes qui essaient des jupes. Ça fait un de ces bruits, dans le magasin ! Ah, enfin ! Je suis à nouveau beau, je me ressemble, quoi…

Quant à mon papa, il a les joues toutes rouges ! Quand je ressors de la boutique, Yassine en revient pas :
– Waouh, Toto, tu es beau comme une vitrine de magasin ! Il faut juste que tu arranges tes cheveux. On dirait que tu as du parquet sur la tête !
– P'pa ! Il a raison, Yassine ! Je peux pas me faire photographier comme ça !

Il est chouette, mon papa, il ose même plus rouspéter. J'ai l'impression qu'il est encore un peu sonné. En tout cas, s'il est renvoyé par son directeur, il pourra être un super coiffeur : il passe vite fait, bien fait, ses mains dans mes cheveux et les ébouriffe bien comme il faut.

– Maintenant Toto, il ne nous reste plus qu'à atteindre l'école sans catastrophe… Tu crois que c'est possible ?

– Sûr, P'pa ! On fonce !

J'suis pas trop pressé d'aller à l'école, mais je vois bien que Papa s'angoisse. C'est dingue comme une photo peut gâcher la vie des adultes ! La preuve : dès qu'on croise Arnold et Junior dans la rue avec leur ballon de foot, Papa veut le confisquer ! Tout ça parce qu'il a peur que je m'étale par terre en essayant de l'attraper !

Ça m'énerve, parce que du coup j'arrive pas à l'avoir, moi, le ballon : Papa plonge à chaque fois avant moi ! Mais cette fois, je vais pas me laisser faire…

– Hé, Arnold ! Passe !

Waouh ! Il est fort, mon copain ! Il shoote presque comme Trézigou ! Je suis bien la trajectoire du ballon, je recule pour l'attraper, quand… Oooh non ! Papa bondit à nouveau dans les airs pour le stopper… Mais il est allé tellement vite qu'il se retrouve le nez dans une poubelle !

Il va être beau, en tenue de bananes et de yaourts pour sa réunion ! Je sais pas ce qui lui arrive, à Papa, mais on peut plus l'arrêter ! J'essaie d'avoir un peu le ballon, mais rien à faire, Papa me passe encore devant et le saisit vite fait… Euh… Trop vite fait, car il glisse sur une flaque de boue, et atterrit tout schuss dans un tronc d'arbre…

Si mon jean et mes baskets sont impeccables, c'est pas le cas du costume de Papa : il est tout froissé avec un joli imprimé de boue… Moi, à sa place, j'oserais jamais aller travailler dans cet état ! D'ailleurs, même quand je me tache, j'en mets pas autant sur mes vêtements.

Il est tellement à cran, mon papa, que Yassine et moi, on lui sert de gardes du corps : on marche devant et on le prévient en cas de danger ! Et là, justement, y en a un gros : le chien du concierge est en train de se rouler comme un fou dans la boue… Et s'il nous sent, c'est fichu. Yassine et moi, on réussit à marcher sur la pointe des pieds et… Ouf ! Il nous flaire pas.

Quant à Papa, c'est raté : il a trouvé le moyen de marcher sur une brindille et CRAC ! Le chien entend le bruit et vient se secouer sur lui. Résultat : le costume bleu de Papa est maintenant tout marron ! Et dire que les parents doivent donner l'exemple… Moi, je suis nickel, de la tête aux pieds. Si Maman me voyait, elle serait fière de moi !

C'est pas du repos d'aller à l'école avec Papa, aujourd'hui ! Tous les cinq pas, il fait une bêtise : il renverse des caisses de poissons sur lui, marche sur du ciment frais et se prend les pieds dans une laisse de chien. Et pour couronner le tout, il trébuche sur un échafaudage et se prend plein de pots de peinture sur la tête. Cela dit, ça lui va pas mal d'avoir les cheveux jaunes…

Je sais pas comment Papa va être accueilli par son directeur, mais quand j'arrive dans la cour de récré, tous mes copains poussent des « Waouh » d'admiration !
– Ouais, c'est moi le pro du propre, les gars, grâce aux vêtements offerts par mon papa !
Même Mademoiselle Gossein a l'air contente, c'est dire…
– Eh ben, Toto, bravo ! Allez, en place pour ce moment historique !

J'ai hâte que la photo soit prise, parce que depuis ce matin, ça rend tout le monde fou, ce truc. Heureusement qu'il y en a qu'une par an !

Bon, ça y est, le photographe est en place, et nous aussi ! Je commence à faire mon plus beau sourire, quand j'entends « Rou-Rrrou » « Rou-Rrrou » au-dessus de nos têtes.

Ouh là ! Moi, je connais par cœur le langage pigeon. Et ces « Rou-Rrrou », ça veut dire qu'une attaque est en vue ! Je préviens vite tout le monde :

– Alerte ! Escadron en piqué ! Tous avec moi !

Mes copains ont tous pigé mais pas Mademoiselle Gossein…

Ça va super vite, de développer les photos, car à 16 heures, on les a déjà dans nos cartables ! Dès que je rentre à la maison, je lance :

– P'paaa ! J'ai la nouvelle photo de classe !

Je sais pas si mon papa a passé la journée au bureau ou à la maison. En tout cas, il est en pyjama sur le canapé, tout propre, et ne sent plus ni la boue, ni le poisson, ni la peinture !

– Alors, c'était comment ?

– Génial, P'pa ! J'étais un des plus beaux et grâce à moi, le tir des pigeons n'a touché personne, enfin, sauf Mademoiselle Gossein. Le seul problème, c'est que du coup elle veut refaire la photo de classe demain matin !

Je sais pas pourquoi, mais Papa se met à hurler dans toute la maison… C'est quand même pas compliqué d'être propre tous les jours !!! Photo ou pas…

8

CORRESPONDANT, POIL AUX DENTS

Papa est de super humeur, ce matin, parce que j'ai pas traîné pour aller à l'école ! Et quand j'arrive, tout le monde a le sourire, même Madame Péchoton ! Faut dire que le bus est pile à l'heure et que dedans, y a nos « correspondants ». Ce sont des élèves d'une autre ville qui viennent passer quelques jours chez nous et dans notre école pour voir comment c'est.

Et nous, on fera la même chose plus tard : on ira chez eux !

J'suis super impatient de voir la tête de mon correspondant, mais je sais pas pourquoi, la maîtresse me prend à part pour me préciser :
– Tu seras bien poli avec lui, Toto ? Tu lui montreras l'exemple, que nous puissions être fiers de notre école !
– Bien sûr, Mademoiselle Jolibois ! Comptez sur moi !
Elle a raison, la maîtresse, faut toujours donner l'exemple, et moi, je m'y connais !

Je réfléchis déjà à ce que je vais lui expliquer, quand je LE vois descendre. C'est forcément lui puisqu'il y a plus personne dans le bus, sauf le chauffeur… J'hallucine ! J'ai jamais vu un garçon comme ça ! On dirait qu'il vient d'un autre siècle avec son petit short tout serré, ses socquettes blanches et ses bretelles ! Je vois pas pourquoi il en met d'ailleurs, car son short moulant risque pas de tomber…

On se regarde tous les deux du coin de l'œil, quand la voix de la directrice résonne dans mes oreilles :

– Toto, voici donc Thierry de la Volière, ton correspondant de Saint-Germain-en-Lère. Je te demande de lui réserver le meilleur accueil.

J'en reviens pas : je m'avance vers ce Thierry pour lui toper dans la main, comme on fait mes copains et moi, et lui, tout ce qu'il trouve à faire, c'est me serrer la main, en disant :

– Enchanté, Toto !
Je m'appelle Thierry… Mais vous pouvez m'appeler Titi, c'est mon surnom.

Titi ? Moi, ça me va. C'est quand même plus rigolo que Thierry ! Mais je comprends pas pourquoi il me dit « vous ». C'est peut-être comme ça dans sa ville, mais ici, nous, on se dit « tu », donc, je lui montre tout de suite l'exemple :
– Alors, Titi !… Ti vas bien ?
Ha ! Ha ! J'suis content de mon jeu de mots, mais le Titi, il a pas l'air de comprendre…

– Je n'ai pas saisi ce que vous vouliez dire, mais je suis ravi de faire votre connaissance, cher Toto !

Ça commence pas trop bien entre Titi et moi. J'espère qu'il va laisser tomber ce « vous ». Ce sont les vieux qui se parlent comme ça ! En tout cas, ça a pas l'air de gêner Mademoiselle Jolibois qui dit :

– Bien, les enfants, les présentations sont faites ! Toto, tu peux rentrer chez toi avec Titi et lui parler un peu de notre belle ville… Allez, à demain !

J'ai jamais vu ça ! Voilà que Titi fait la révérence pour dire au revoir à Madame Péchoton et à la maîtresse… Soit il est Japonais, (mon papa dit que les Japonais font des courbettes pour être très polis), soit il a fait tomber quelque chose par terre ! En tout cas, ça a l'air de leur plaire, à la directrice et à Mademoiselle Jolibois… Ouf ! Maman arrive en voiture. J'ai une idée pour le faire rigoler, mon correspondant pas marrant…

Dès qu'on boucle notre ceinture, je lui propose :
– Hé, Titi ! Si on jouait à l'autoradio !? On va chanter, d'accord ?
– Très bonne idée, Toto ! J'adore chanter !
Super ! On a enfin un truc en commun ! Je connais plein d'airs, moi, alors je les chante à tue-tête, comme d'habitude... Il en croit pas ses oreilles, Titi : lui, il chante que des trucs de chorale et moi, que du rock !

Il est pas top, notre premier concert, et ma p'tite maman en peut plus :

– Hum… Les garçons ! Si on jouait au silence, maintenant ?

Je sais que je chante faux, et pourtant, j'entends juste dans mes oreilles…

– Oui, Madame Toto. Désolé, Madame Toto, on ne recommencera plus.

Il a fait l'école de la politesse, Titi : c'est pas possible de s'excuser comme ça !

Et quand on arrive à la maison, il recommence ses courbettes devant Fabrice, en lançant :
– Bonjour, Monsieur Fabrice ! Je suis enchanté de vous rencontrer. Toto m'a beaucoup parlé de vous…
Ha ! Ha ! Fabrice fait la même tête que moi, quand j'ai entendu Titi pour la première fois ! Pffiou… À table, c'est pareil, Titi fait tout comme il faut, sans que les adultes demandent quoi que ce soit.

Il se tient droit, lève bien sa fourchette, s'essuie la bouche avec sa serviette… Tout bien, quoi… Moi, c'est juste l'inverse et puis, j'ai pas besoin de serviette, ça sert à quoi de la salir ? En plus, ça donne plus de lessive à Maman !

– Cette soupe de légumes est un véritable délice, Madame Toto !

– Merci, Titi, mais tu peux m'appeler Sylvie ! Quant à ma soupe, tu es bien le seul à me le dire. Les compliments sont rares dans cette maison.

Ben, qu'est-ce qui lui prend à parler comme ça, Titi ? Il est pas dans un restaurant 3 étoiles, quand même ! Du coup, Fabrice est gêné d'avoir rien dit sur la soupe de Maman ! Et ben, puisqu'il la trouve bonne, Fabrice et moi, on lui donne discrètement nos assiettes à terminer… Ouf ! Le dîner est fini ! D'habitude, j'aime bien passer ce moment à table, à discuter avec Maman et Fabrice, mais là, le Titi, il commence à m'énerver avec ses bonnes manières !

Et, le voilà qui dit d'une voix haut perchée :

– Dès que j'aurai terminé d'aider ta maman à débarrasser, fait ma toilette, brossé mes dents et mis mon pyjama, je t'aiderai à ranger ta chambre, Toto.

C'est pas normal, tout ce qu'il fait, Titi ! Il laisse même pas le temps aux parents de répéter les trucs dix fois… En tout cas, quand Titi dit quelque chose, il le fait : il m'aide à ranger ma chambre.

Ça, c'est sympa, alors pour le remercier, je lui propose de faire une bataille de polochons.

– Non merci, Toto. On ne joue pas avec un polochon, on dort dessus !

Euh… Il a de l'humour, Titi, mais l'ennui, c'est que c'est pas vraiment le même que le mien… J'espère que mes copains rigolent un peu plus que moi avec leurs correspondants. Titi est super gentil, mais on a pas fait la même école du rire.

La preuve : au moment où on va se coucher, je glisse une grosse araignée en plastique sous sa couette et tout ce qu'il trouve à me dire, c'est :

– Tiens, Toto ! Tu as dû oublier ton doudou dans mon lit…
Pfft… Faut tout lui expliquer, à mon correspondant !
– Mais c'est pas mon doudou ! C'est une farce et attrape.
Bon, le cas de Titi est plus grave que je le pensais, alors, je lui montre tous les trucs rigolos : le poil à gratter, le stylo qui fuit, tout l'attirail pour être un vrai pro de la blague, quoi !

Il a jamais vu ça ! Je vais lui faire une petite démonstration, quand Fabrice arrive pour nous dire d'éteindre. Eh ben, avec Titi, Fabrice a pas besoin de le répéter, mon « copain » a déjà sauté sur l'interrupteur.

Le lendemain, en arrivant à l'école, je décide de donner des cours à Titi. L'expert en blagues, c'est moi !
Et puis, y a pas de raison que je rigole pas comme mes copains avec leurs correspondants ! Bon, leçon numéro 1 :

– Mon cher Titi, il est grand temps que tu apprennes à faire des blagues. Voyons… Ah oui : qu'est-ce qui est vert avec des feuilles ? Allez, Titi, réfléchis ! Concentre-toi !
C'est pas gagné ! Titi sait tout sur les bonnes manières, mais rien sur les blagues…
– Une plante !

N'importe quoi ! Bon, heureusement que je suis là pour lui donner la bonne réponse :
– C'est un petit pois déguisé en salade, Titi !
J'ai l'impression qu'il a pas trop compris, mais j'suis bien décidé à l'aider. Un pro de la blague ne doit jamais renoncer. Et pour l'exercice suivant, je lui apprends à rigoler. Pauvre Titi, il prend plein de notes pendant que je parle, ça veut bien dire qu'il a jamais ri !

Alors, je lui montre comment on étire les lèvres, la bouche et le bruit qu'on fait avec la gorge. Je pensais pas que l'exercice serait aussi difficile pour lui. Il fait plein de grimaces, claque des dents bizarrement, mais ouais ! Ça y est ! Gagné !

– Bravo, Titi ! T'as souri ! T'es un champion !

– Merci, Toto ! Je peux recommencer ?

Waouh ! Là, j'suis fier de moi parce que Titi fait enfin comme tout le monde : il rit !

– Maintenant, Titi, on va passer à l'étape numéro 2 : faire rire les copains !
Dès qu'on entre en classe, Titi pose bien comme il faut mon coussin péteur sur la chaise de Mademoiselle Jolibois. Et zou ! Ni vu ni connu, on file s'asseoir. Il l'a super bien placé, le coussin, Titi, parce que lorsque la maîtresse s'assied à son bureau… PROUOUOUOUTTT !

Ha ! Ha ! Toute la classe rigole, sauf elle…

– Alors ça, c'est signé Toto ! Tu m'avais promis de montrer l'exemple, Toto ! N'oublie pas que ton correspondant est là !

Ça comprend pas toujours les enfants, les maîtresses ! Bien sûr que je lui ai montré l'exemple, à Titi, c'est pour ça qu'il a bien mis le coussin au milieu de la chaise et que ça a fait un si gros bruit !

Moi, j'suis super fier de mon élève, alors je précise :
– C'est Titi qui a fait ça, Mademoiselle Jolibois ! Je lui ai tout appris, vous savez… C'est mon champion de la blague !
– Ton correspondant ? Thierry de la Volière ? Impossible, Toto ! Tu me donneras ton carnet de correspondance à la fin de la classe…
Pfft… Elle a pas d'humour, la maîtresse, s'il faut que je lui donne des cours à elle aussi, j'aurai jamais le temps de travailler, moi !

En attendant, toutes les farces que j'ai apprises à Titi fonctionnent. La preuve : dès que Mademoiselle Jolibois essaie d'effacer le tableau, elle se prend la brosse sur la tête, tout ça parce que mon copain l'a attachée à un gros élastique. C'est rigolo, on dirait un boomerang !

Là, Mademoiselle Jolibois est furieuse après moi, mais aussi après Titi.

– Bon, puisque c'est comme ça, Titi, tu vas dans le bureau de Madame Péchoton !

– Mais, je n'écoute qu'une seule voix, Mademoiselle, celle du Maître de la Grande Cause de l'Humour : Toto !

Waouh ! C'est trop cool ce que vient de dire Titi sur moi, mais j'ai un p'tit réglage à faire sur sa formation.

– Euh… Là, Titi, tu ferais bien de l'écouter, parce que si moi, je suis le maître de l'humour, elle, c'est la maîtresse tout court. Il a même pas peur, Titi, quand il arrive dans le bureau de la directrice.

Elle fait un peu la leçon à Titi, mais juste un peu parce que, bien sûr, elle est persuadée que toutes les bêtises qu'il a faites viennent de moi. Bon, elle a pas complètement tort, Madame Péchoton… Mais j'ai quand même jamais dit à Titi de vider la bouteille d'engrais dans sa plante verte !

C'est dingue ! Titi a mis du temps pour rigoler, mais maintenant, j'peux plus l'arrêter ! Dans la cour de récré, il invente plein de trucs rigolos et toutes les filles veulent même des autographes de lui ! Enfin, sauf Olive qui s'inquiète :

– Toto ! Écoute ! Ton correspondant dit qu'il est cap' de tondre Pétula, le chien de la directrice !

Ouh là ! Il va trop loin, là ! Je dois vite lui mettre les points sur les « i » :

– Élève Titi, lâche ces ciseaux ! On ne doit pas utiliser les animaux dans nos blagues ! Et en plus, je suis contre les manteaux de fourrure !

– Mouais… Mais là, Toto, tu vas pouvoir

te faire un manteau de fou… rire ! Ha, ha ! Ça alors, voilà que Titi fait des jeux de mots, maintenant ! Seulement, je trouve qu'il va trop loin : y a quand même des limites. Mais j'ai beau le raisonner, y a rien à faire : il est têtu, ce Titi ! Pauvre Pétula, elle claque des dents en voyant les ciseaux se rapprocher d'elle… Moi, j'suis pas trop rassuré non plus, et quand Madame Péchoton arrive dans son bureau… AAAAAAAAAAAHHHHHHHHHHH !

Ben voilà, son caniche a une coupe d'iroquois : on dirait qu'il a une crête sur la tête. Du coup, Titi et moi, on se retrouve avec 100 lignes à copier, alors que cette fois, j'y suis pour rien… Si j'ai servi de professeur de blagues, j'ai jamais donné des cours de toilettage pour chiens, moi ! C'est passé trop vite, le séjour de Titi. Il doit déjà repartir. C'est dommage parce qu'on s'amusait bien tous les deux… Bon, d'accord, il a fait des blagues pas très fines, mais les poils de Pétula vont repousser et la plante verte de Madame Péchoton aussi… Ça y est, on est tous devant le bus et Titi et moi, on arrive pas à se quitter.

– Je ne t'oublierai jamais, mon Toto… Et promis, j'essaierai d'initier mes copains à ton art !

Il est chouette, mon Titi, alors pour le récompenser de son bon travail, je lui offre mon coussin péteur : il l'utilisera pour sa maîtresse !

9

LE DISTRIBUTEUR

Pfft… Je sais pas ce qu'elle a Maman ce matin, elle est déjà dans la voiture pour m'emmener à l'école et elle klaxonne comme une folle. J'suis pas sourd, quand même ! Je sais qu'il y a école aujourd'hui, c'est comme ça tous les matins, enfin presque…

C'est pas facile de me préparer, de fermer mon cartable avec ma tartine de confiture dans la bouche, enfin bon, j'y arrive pas trop mal…

Mais voilà que l'affreux Monsieur Willy a la mauvaise idée de sortir de chez lui en même temps que moi ! Là, je panique : je fonce tête baissée dans la voiture pour pas que ce vieux voisin grognon m'aperçoive. C'est super rare que Maman me voie dans cet état.

– Qu'est-ce qui t'arrive, Toto ?

– Ch'est M'chieu Willy ! Il me fait peur.

– Allons Toto, ne dis pas de bêtises ! C'est juste un gentil retraité qui aime le calme.

Si tous les vieux messieurs sont calmes comme lui, ils vont tous faire une crise cardiaque ! Il crie tout le temps, Monsieur Willy, et j'aime pas quand il me regarde avec ses gros yeux globuleux. Enfin, quand Maman me dépose devant l'école, je file dans la cour. Là, au moins, je risque pas de croiser le voisin.

Yassine se précipite vers moi.
– Toto, Toto ! Viens voir, vite !
Je sais pas ce qu'il veut me montrer, Yassine, mais tous les autres sont devant une drôle de machine en fer et y a un monsieur dedans qui traficote je sais pas quoi. Il a carrément la tête enfouie à l'intérieur. Moi, j'aurais peur de rester coincé...

– C'est quoi, ce machin ? Une machine à remonter le temps ? Une cabine de douche ?

– Moi, je sais ! Ce sont des barquettes de hachis Parmentier. J'ai les mêmes chez moi, dans le frigo.

Il m'énerve, cet Arnold je-sais-tout… J'vois bien que c'est un distributeur, cette machine ! Igor aussi a sa p'tite idée :

– C'est sûrement un distributeur de devoirs !

– Non, non, pour ça, on a déjà la maîtresse !… Waouh ! J'ai trouvé, les gars ! Regardez, c'est le même distributeur que chez GigiDiscount !
– Celui des bonbons ?
On est super heureux, mes copains et moi, on va enfin se régaler à l'école. Des bonbons ! Elle est cool, finalement, Madame Péchoton comme directrice. On attend tous que le monsieur finisse de remplir la belle machine pour se servir, quand…

– Aaaaaaah, Monsieur Willy ! C'est lui qui s'agitait dans la machine !!!
– Ton voisin méchant ? Mais je croyais qu'il était à la retraite…
Pauvre Yassine, il a pas le temps de finir sa phrase. Monsieur Willy hurle dans nos oreilles :
– Hé, non, je m'ennuyais, figurez-vous, alors, j'ai pris un travail à mi-temps… ÇA VOUS DÉRANGE ?

Et voilà, même dans MON école, il faut que ce ronchon fasse trembler les enfants ! On a tellement peur, mes copains et moi, qu'on court se cacher jusqu'à ce qu'il parte. Ouf ! Ça y est ! La voie est libre. Pas de temps à perdre pour prévenir mes amis :

– Hé, les gars, faut se débarrasser de cette machine au plus vite ! Tout ce qui vient de Monsieur Willy est forcément dangereux pour nous.

C'est bizarre, dès qu'on entre en classe, Mademoiselle Jolibois nous montre une maquette en carton qui ressemble au distributeur du préau.

– À vos places, les enfants ! J'ai une grande nouvelle à vous annoncer…

– On va avoir des bonbons, c'est ça ? Ou encore plus de devoirs jusqu'à la fin de l'année, maîtresse ?

– Non, non, Toto, ne te fais pas d'illusions, ni sur les bonbons, ni sur les devoirs ! Il y en aura jusqu'au dernier jour. Enfin, je veux parler des devoirs, bien sûr…

Pfft… Ça m'aurait étonné… C'est quoi, alors, sa grande nouvelle ? Et pourquoi elle tient une barquette dans la main, Mademoiselle Jolibois ?

– Les enfants ! Notre école a été choisie pour expérimenter un distributeur d'en-cas équilibrés qui devrait vous permettre d'avoir une meilleure concentration en classe, et donc de meilleurs résultats.

– Mais Mademoiselle Jolibois, ce distributeur a été installé par mon voisin, Monsieur Willy. Et ce monsieur est un vrai croquemitaine : ça peut pas être bon pour nous !
– Toto, ne dis pas de bêtises ! Les croquemitaines n'existent que dans les contes…
Qu'est-ce qu'elle en sait, Mademoiselle Jolibois, ça se voit que c'est pas son voisin !

– Mais, Mademoiselle, je vous assure…
– Ça suffit, Toto ! Bon, les enfants… Regardez bien cette barquette. Je vais l'ouvrir devant vous pour bien vous expliquer.

Ben dis donc, j'espère que le distributeur fonctionnera mieux que ces barquettes parce que Mademoiselle Jolibois a un mal fou à retirer le couvercle ! Ça a pas l'air bien pratique... Elle tourne la barquette dans tous les sens, elle tire dessus de toutes ses forces. Encore un peu et elle va salir sa jolie jupe !

Enfin, ça y est, la barquette s'est ouverte, mais ce qu'il y a dedans, ça donne pas envie : c'est tout vert et tout gluant. Y a qu'Arnold qui a l'air de trouver ça bon ! Même la maîtresse fait une drôle de tête…

– Euh, les enfants, ça a l'air d'être une gélatine, enfin, un concentré de compote de reinettes, d'où la couleur verte…

– Génial ! Une compote de grenouilles. Ça doit être délicieux, ça !

Il est fou, Arnold ! Moi, je mangerai jamais de grenouilles en purée !
– C'est plutôt du poison, oui ! Monsieur Willy veut nous rendre malades, c'est clair !
Il est comme moi, Yassine, il a des doutes. On chuchote, quand la maîtresse nous interrompt pour nous montrer comment fonctionne le distributeur.

Et pour qu'on comprenne bien, elle se place devant sa grosse maquette en carton.

– Alors, écoutez bien :

1 Vous sélectionnez votre encas.

2 Vous appuyez sur ce bouton vert.

3 Vous récupérez la barquette par ce trou.

Arnold est super impatient de goûter aux barquettes, mais moi, je mets tout de suite Yassine en garde :
– Faudra arriver avant tout le monde au distributeur pour les empêcher de se servir, sinon, c'est la gastro générale !

DRIIIIIIIIIIIIING !

Dès que ça sonne pour aller en récré, Arnold me bouscule pour être le premier. Comme si j'allais me jeter sur les barquettes ! J'veux pas mourir, moi…

Quand on arrive dans la cour, Jonas et Arnold se disputent pour récolter la première barquette. Heureusement que j'suis là pour les avertir du danger :

– Arrêtez ! Touchez pas aux barquettes, elles sont empoisonnées !

– C'est ça, c'est ça ! Je te vois venir, Toto : tu veux tout garder pour toi, oui !

Pfft… Il m'énerve, Arnold ! Elle est chouette, Olive, parce qu'elle en remet une couche.

– Toto a raison. Il y a un truc louche dans ce distributeur. Le type qui l'a installé, on le connaît et il est bizarre…
Y a rien à faire, Arnold veut toujours pas nous croire.
– N'importe quoi, et écoute bien, Toto : MOI, je vais goûter ces barquettes parce que j'ai faim et je n'ai pas peur !
Il appuie sur le fameux bouton vert, mais y a pas de barquette qui descend.

Seulement, quand il donne un grand coup de pied dans le distributeur, là, c'est le bombardement : toutes les barquettes sortent comme des mitraillettes ! Heureusement qu'on a le réflexe de se coucher au sol, on se croirait à la guerre ! Et ça fait tellement de bruit, que Madame Blanquette sort de son bureau, furieuse :

– Ouh là là ! Qu'est-ce qui se passe, ici ? C'est quoi, ce carnage ? Vous êtes devenus fous ?

– C'est le distributeur, Madame Blanquette !

– Il est dangereux : il s'est mis à nous tirer dessus avec des barquettes. C'est un coup de Monsieur Willy.

– Qu'est-ce que c'est que cette histoire, Toto ? Regarde, il suffit d'appuyer sur le bouton vert… et voilà !

Ça alors, ça marche ! Madame Blanquette a sa barquette. Peut-être que Monsieur Willy a trafiqué le système pour que ce distributeur ne s'attaque qu'aux enfants. En tout cas, elle rigole pas, la surveillante, on doit tout ramasser avant de rentrer chez nous.

Mais j'ai une idée pour pas qu'on meure, mes copains et moi, et comme Yassine vient déjeuner à la maison, on va mettre tout de suite mon plan au point.
Étape numéro 1 : bourrer nos cartables de barquettes.
Arrivés à mon immeuble, ni vu ni connu, on s'approche, Yassine et moi, de la loge du concierge, le maître de Kiki.

Seulement, il a les chocottes, mon copain :
– Ce n'est pas bien, Toto, de prendre Kiki comme cobaye… C'est super dangereux ! C'est une teigne, ce chien. S'il le prend mal, il va te dévorer.
– On a pas le choix, Yassine : c'est Kiki ou toute l'école !
Le chien dort dans le hall, on reste prudents, c'est une vraie bête sauvage, ce Kiki !

Alors, j'ouvre doucement la porte de l'immeuble, prêt à lui jeter une barquette sur la tête, mais… Oh, nooon ! La porte a grincé, et Kiki me fonce dessus. Heureusement que je cours vite rejoindre Yassine sur le trottoir.

– Je te l'avais dit, Toto. Pour lui, on est que des sandwichs !

– Alors, il faut qu'on lui change son régime, Yassine. Passe-moi une barquette !

Mon copain a tellement la frousse que c'est moi qui dois ouvrir la barquette et l'envoyer dans le hall le plus vite possible, sans que Kiki m'attrape... C'est hyper dur de tout synchroniser, du coup, à chaque fois, je fais tomber les barquettes devant la porte et à chaque fois, Kiki aboie. Moi qui voulais être discret, c'est raté : voilà le concierge qui sort de sa loge.

Aïe ! Aïe ! Aïe ! S'il me voit, c'est fichu ! Il va se douter de quelque chose et adieu mon super plan ! Je cours vite vers Yassine et on se cache derrière un poteau. On entend son maître gronder Kiki et génial, il l'attache ! Je vais enfin pouvoir envoyer les barquettes sans risquer de me faire mordre. Ouais ! Super ! Kiki se régale, et sa langue lèche le sol comme une serpillière.

Il engloutit le contenu de la barquette en moins de deux ! On dirait qu'il a pas mangé depuis un mois. On est contents, Yassine et moi. On a plus qu'à attendre de voir s'il va être malade ou pas… Ouh là ! Qu'est-ce qui se passe ? Kiki nous regarde jamais comme ça, d'habitude… Mais… mais… Au secooouurs ! Sa laisse s'est détachée et il nous fonce dessus. On court comme des fous, mais Kiki nous poursuit en aboyant.

À tous les coups, c'est l'effet secondaire des barquettes. On en peut plus, mais on arrive enfin dans la cour de l'école… Ooooh nooon ! Kiki est encore derrière nous. Alors, on se jette à plat ventre, c'est sûr, on va se faire croqueeeeeeeerrrrrr ! Mais au lieu de nous mordre, Kiki nous évite et file tout droit vers le distributeur en gémissant.

Il doit aimer les barquettes. Avec tout ce bruit, Madame Blanquette accourt :
– Dis donc, Kiki, qu'est-ce que tu fais là ? Ce n'est pas une école pour chiens, ici. Allez, viens, je te montre la sortie !
Pauvre Madame Blanquette, elle prend Kiki pour un agneau… Elle s'avance vers lui, mais voilà qu'il lui montre les crocs !

En tout cas, Madame Blanquette a compris, et part prévenir Madame Péchoton. Et même lorsque Mademoiselle Gossein arrive avec son sifflet et sa grosse voix, Kiki ne bouge pas d'un poil et continue de gratter l'appareil avec ses pattes. Enfin, il réussit à ouvrir la porte du distributeur ! Et tout ce que trouve à dire son maître, appelé en urgence par la directrice, c'est :

– Ne mange pas tout, mon lapin ! Tu vas avoir mal au ventre.

Il connaît mal son Kiki, le concierge, parce que le chien continue comme s'il avait rien entendu… Seulement, moi, ça m'énerve, qu'il obéisse pas ! Alors, pendant qu'il est occupé à se goinfrer, hop ! Je ferme d'un coup sec la porte du distributeur sur lui. Hé, hé ! Kiki est prisonnier dans la machine ! La directrice est fière de moi. D'ailleurs, elle demande qu'on enlève immédiatement le distributeur de l'école, chien compris !

Pfiou ! Quand on arrive, Olive, Yassine et moi à la maison, Maman nous a préparé une surprise.
Mais quand elle s'avance avec le plat… AAAAAAAHH !
– Qu'est-ce qui vous prend ?
– Tu… Tu vas pas nous donner cette barquette à manger, M'man ? Pas ça, pas à nous !!!
– Mais non, les enfants ! Ça, c'est pour le chat de Monsieur Willy. Pour vous, il y a une bonne tarte aux fraises.

10

LA TRAVERSÉE DU DESSERT

Il aime pas ça, Papa, faire les courses. Surtout quand il doit traîner de très gros sacs comme aujourd'hui.

Waouh ! Génial ! Y a un gros pot de confiture de fraises, des céréales au miel, des yaourts et le top : une tablette de chocolat ! Il est vraiment chouette mon papa de penser à moi. Bon, d'accord, le chocolat, quelquefois, j'en mange un peu trop… Mais là, j'en ai pas pris depuis… euh… hier, alors, à moi la tablette !

– Merci, P'pa, pour le chocolat !
– Hop, hop, hop ! N'y touche pas, Toto ! C'est pour ton cours de cuisine demain à l'école.
Il se rend pas compte. Elle va s'ennuyer dans mon cartable, la tablette ! Et hum ! Elle sent super bon. Pfft… C'est impossible de résister à un truc pareil ! Pourquoi attendre demain ? Elle va pourrir, ma tablette. Faut faire quelque chose… Quand Papa revient dans la cuisine, il comprend pas ma logique :

– Toto ! Tu as mangé tout ton chocolat, et juste avant le repas en plus ! Il va falloir que je sorte racheter une tablette !
– Ben, euh… Comment tu le sais, que j'ai mangé du chocolat ?
– Regarde-toi ! Tu en as partout : sur les joues et sur les mains ! Allez, file dans ta chambre et tu seras privé de sucreries toute la semaine !

– Toute la semaine, P'pa ? Mais ça fait sept jours, une semaine ! Tu peux pas me faire ça, c'est une éternité !
Pfft… Papa veut rien entendre. Tout ce qu'il sait dire, c'est : « Va te débarbouiller ! » Comme si c'était sale, le chocolat…
Ouf ! Quand on se réveille le lendemain matin, Papa est de meilleure humeur. Si ça se trouve, il a oublié ma punition.

Moi, le matin, faut pas m'expliquer des trucs trop compliqués, parce que je dors complètement. Et là, devant moi, y a de la confiture, enfin tout ce que j'aime, quoi… Je m'apprête à tremper ma tartine dans mon bol, quand la grosse main de Papa s'approche dangereusement de moi.

– Tu-tuut, mon Toto ! Pas de sucreries !

– Ben ? La confiture, c'est des sucreries ?

Et là, j'y crois pas : voilà Papa qui saisit ma tartine et qui croque dedans !

– Mon Toto, il faut que tu chaches que la confiture, ché du sucre. Pour toi, ché chéréales aux fibres et yaourt nature. Tu chais, ché important de prendre un petit déjeuner chain et équilibré.
Alors là, c'est pas juste ! Non seulement, Papa mange ma part et en plus, il a le droit de parler la bouche pleine, lui ! J'ai le moral dans les chaussettes. Elle va être longue, cette semaine de sept jours…

Ce matin, j'ai pas envie de rigoler avec Papa en allant à l'école, et quand j'arrive dans la cour, mes copains accourent vers moi, un peu inquiets. Faut dire que c'est rare que je fasse une tête pareille. Quand je leur explique ce qui m'arrive, Yassine me comprend tout de suite.

– Tu es privé de dessert pendant une semaine ? C'est dur…

– Une semaine ! Mais ça fait sept jours, ça, Toto !

Il sait compter aussi bien que moi, Arnold…

Ils sont chouettes, mes copains, parce qu'ils essaient de me remonter le moral !

– Et la tablette de chocolat, tu en as une pour le cours de cuisine ?
– P'pa l'a donnée à la maîtresse et il a même pas voulu que j'y touche ! Hé, mais... si j'suis privé de dessert à la maison, je le suis pas à l'école !
– Tu penses aux trésors de guerre, Toto ?
– Exact, Yassine ! Souviens-toi, on a toujours dit que les trésors de guerre étaient pour les coups durs... Et ça, c'en est un ! Heureusement qu'on fait des provisions de bonbons, Yassine, Arnold et moi...

Et y a que nous qui connaissons les cachettes ! On file vers la première, sous l'escalier. AAAAAAHHHH ! Elle est… VIDE ! Et à voir le visage tout rouge d'Arnold, je pige illico :

– C'est pas vrai, t'as mangé tous les bonbons !

– Ben… Euh…

C'est tout ce qu'Arnold trouve à dire ! Et me faire ça, en plus, la semaine où j'suis privé de sucreries, c'est vraiment pas sympa.

– T'inquiète pas, Toto ! On a encore des réserves.

Il a toujours un mot pour me redonner le sourire, mon copain Yassine ! Mais j'ai quand même deux mots à dire à Arnold :

– T'as pas touché à la réserve secrète, hein ?

Je dois lui faire peur, à mon copain, parce qu'il rougit de plus en plus. On dirait une fraise Raplapla. Bon, on file tous les trois vers les toilettes des garçons et je me glisse sous un lavabo.

Elle est là, notre jolie boîte et dedans, on a mis des bonbons, des guimauves, des nounours, des chamallows et des crocodiles en gélatine ! Ça y est ! Je l'ai ! Hum… Je sens déjà le chamallow fondre dans ma bouche…
AAAAAAAAAHHHHHHH ! Y a plus RIEN ! C'est encore un coup d'Arnold, c'est sûr !

– C'est pas possible ! Et comment je vais faire, moi, sans sucreries pendant toute la semaine ?
Là, Arnold, il est plus que mal…
– Hé, Toto, calme-toi ! Il reste la cachette ultra secrète. Allez, on y va !
Il a raison, Yassine, je l'avais oubliée, celle-là.
– Quoi ? Une cachette ultra secrète ? Pourquoi vous ne m'avez rien dit ?
C'est dingue, ça ! Arnold est de mauvais poil, tout ça parce qu'il connaît pas notre troisième cachette !

Et heureusement, sinon, il aurait aussi tout avalé. On court en classe avant que les autres arrivent et je fonce tout droit sous un pupitre qui est jamais occupé. Et là, OUAIS ! Tout le sachet des fraises Raplapla est là.

– Génial, on va se régaler !

Alors là, il peut toujours rêver, Arnold, il en aura pas. Pas UNE ! Et puis quoi, encore ? Ça suffit comme ça !

Je m'apprête à lui faire la morale, quand Madame Blanquette surgit :

– La classe a lieu dans la cantine, ce matin, pour le cours de cuisine ! Allez, descendez, Mademoiselle Jolibois vous attend !

Ouh ! Heureusement que j'ai des réflexes : je glisse vite fait le paquet de bonbons sous mon T-shirt, ni vu ni connu… Enfin, presque, car quand je passe sous le nez de Madame Blanquette…

– Eh bien, Toto, tu as grossi, toi ! Ton père a raison, il faut arrêter les sucreries !

Quand on arrive à la cantine, y a déjà des groupes formés et chacun a un grand saladier devant lui. Ça va être chouette de faire de la cuisine ! J'adore ça, moi, mais mes parents veulent jamais me laisser faire. Ils disent qu'il faut repeindre les murs de la cuisine derrière moi ! Pfft… Sont maniaques, les parents !

– Bon, les enfants ! Pour ce premier cours, nous allons préparer des cookies. On est tellement contents, mes copains et moi, qu'on crie tous :
– Ouais, des cookies, des cookies !
– Un peu de silence, les enfants ! Lisez attentivement la recette que je vous ai photocopiée. Et appliquez-vous, car si vos cookies sont réussis, vous aurez le privilège de les manger au dessert, à midi !

C'est génial parce que ma maîtresse m'a pas dit que je serais privé de dessert ! Bon, on a le sucre, le beurre, la farine, les œufs et le… CHOCOLAT. On peut pas attendre, Arnold et moi : on veut juste manger six ou sept carrés, quand Olive nous voit. Elle me connaît bien, ma copine. D'un seul coup d'œil, elle sent ce que je vais faire.

– Hé, arrêtez ! C'est plus des cookies, s'il y a pas de chocolat.

Et voilà, à cause d'elle, Mademoiselle Jolibois a tout entendu…

– Hé, vous deux ! Si je vous vois manger ne serait-ce qu'un seul carré, vous serez privés de cookies à midi, c'est clair ?

Pfft… Elle va quand même pas se mettre à copier Papa, la maîtresse !

Mais moi, j'ai une idée super originale de grand cuisinier. Un jour, à la télé, j'ai entendu un chef étoilé dire qu'il fallait toujours mettre un peu de fantaisie dans ses recettes, eh ben, moi, j'suis d'accord avec lui ! Alors, j'ouvre le sachet des fraises Raplapla et je déverse tout dans le saladier. Ça fait joli dans la pâte des cookies ! Sauf que Yassine et Arnold ont pas l'air d'avoir les mêmes goûts que moi.

– Hé, mais qu'est-ce que tu fais, Toto ? La maîtresse a dit de suivre la recette.
– Yassine a raison. C'est une bêtise, ça ! Si Mademoiselle Jolibois s'en rend compte, tu vas être privé de dessert à midi.
– Ouais, et si elle le dit à ton père, tu seras peut-être privé de dessert à vie !
Ils exagèrent, là, mes copains ! Mais Arnold est têtu : le voilà qui sort sa calculette.

– Écoute bien, Toto ! 365 fois 3 repas, fois 10 ans, ça te fait… 10 950 repas sans dessert et je ne compte pas les goûters, ni les années bissextiles !
AAAAH ! C'est pas possible, ça, j'peux pas passer ma vie sans dessert ! Alors, hop ! Ni une ni deux, je plonge ma main dans le saladier pour récupérer mes fraises Rapla-pla. Ça plaît pas trop à Olive… Les filles, c'est vraiment chochotte !

– Aaah, Toto ! C'est dégoûtant ce que tu fais ! Et mettre des bonbons dans une pâte à cookies, c'est n'importe quoi !
Elle aime pas la fantaisie, Olive, et elle a crié tellement fort que Mademoiselle Jolibois rapplique encore…
– Désolée, Toto, mais je t'avais prévenu : tu seras privé de cookies à midi !
C'est pas juste ! J'suis le seul à avoir de l'imagination, et c'est moi qui suis puni. Mais ce qui me rend le plus triste, c'est que ma copine me fait la tête.

Et quand la maîtresse et Madame Blanquette arrivent avec un plateau de cookies, Olive et Carole en remettent une couche :

– Beurk ! Nous, on veut pas y goûter. Ils ont l'air d'être malades, ces cookies ! On dirait qu'ils ont la rougeole.

Pfft... N'importe quoi ! Du coup, personne veut y goûter, à mes gâteaux... Enfin, sauf Arnold.

– Ben, ça peut être bon quand même ! Faudrait un goûteur...

Il a raison, Yassine, faut goûter avant de dire que c'est pas bon ! C'est moi qui me dévoue…

– J'veux bien le goûter, ce cookie, Mademoiselle Jolibois, mais vous m'avez puni !

– Je lève ta punition pour une minute, Toto ! Allez, viens en chercher un !

Moi, quand la maîtresse me dit quelque chose, je le fais tout de suite. Alors, hop ! Je saisis le cookie et…

– Hum ! Ché bon ! Exchellent !

Du coup, Mademoiselle Jolibois veut en prendre un et… Oh non ! Elle prend celui que j'ai dans les mains !

– La minute est passée, Toto. Allez, va manger ta pomme !

Et voilà !

Qui mange une pomme pendant que les autres se régalent avec MES cookies ? C'est moi ! Je dois avoir l'air super triste et déçu, parce que Mademoiselle Jolibois annonce tout de suite…

– Tu as un vrai talent de pâtissier, Toto ! Alors, voilà ce qu'on va faire. Tu vois ce cookie ? Eh bien, je te le donnerai demain après les cours, quand ta punition sera levée.
– C'est vrai ? Oh, merci, Mademoiselle Jolibois !
J'suis tellement content que je croque à pleines dents dans ma pomme. Finalement, c'est pas si mauvais… Et le soir, chez Papa, je mange tout ce qu'il me donne, sans sucreries et sans rouspéter.

Ça m'est égal parce que demain, c'est le grand jour ! Le plus beau jour de ma vie est arrivé : je vais manger un de mes cookies en ENTIER ! Elle est chouette, Mademoiselle Jolibois ! Tous mes copains sont là, autour de moi et Olive a même retrouvé le sourire... Je croque dans le gâteau, mais... OOOOh non ! Il est tout dur. J'ai failli me casser une dent.

Ils devraient le dire, les chefs cuisiniers que ça se conserve pas, les cookies !

– Attends, Toto : tiens, prends ça !

Elle est sympa, Olive, parce que pour me consoler, elle me donne son pain au chocolat, elle sait que j'adore ça ! Et mes copains aussi, car ils me donnent un flan à la noix de coco, un pain aux raisins et un croissant. À croire qu'ils ont dévalisé la boulangerie !

Pfiou ! J'en peux plus ! Et quand Papa vient me chercher à l'école avec un goûter, je peux même pas en manger une miette ! Et en plus, il a une surprise pour moi.

– Mon Toto, j'ai décidé de lever ta punition. Et comme tu es, paraît-il, un bon cuisinier, on va préparer ensemble un gâteau au chocolat.

– Pas ce soir, Papa ! Tu sais, les sucreries, faut pas en abuser !

11

UNE DAME DANS LE SALON

J'aime bien discuter avec Papa sur le chemin de l'école, on se raconte toujours plein de trucs.
– Tu sais P'pa, ce serait génial d'avoir un chien. C'est tout doux et tout gentil…
– … Oui mais ça a des puces, ça aboie et il faut le sortir tout le temps. Écoute Toto, on en a parlé des centaines de fois.
Et voilà, mon papa est d'une humeur de chien ! Et justement, y en a un qu'on s'apprête à croiser. Il est tout petit, tout mignon, c'est pas comme sa vieille maîtresse.

Elle lui donne pas beaucoup de laisse. Eh ben moi, je vais m'en charger ! Je sors vite fait un bonbon de ma poche et le lance bien devant le chihuahua. Ouais, gagné ! Il s'élance comme une fusée mais la vieille dame a encore de sacrés réflexes : elle tire de toutes ses forces sur la laisse. Le pauvre chien a failli s'étrangler.

– Excusez-nous madame ! Mon fils voulait juste s'amuser.

– Monsieur, un chien n'est pas fait pour jouer, surtout un chihuahua !
Waouh, pas commode, la dame ! Il doit drôlement s'ennuyer son pauvre toutou. Papa et moi, on continue notre chemin mais j'essaie de parler d'autres choses que de chien pour pas l'énerver.
– Tu sais Toto, il faut que tu sois bien sage parce que ce soir, il y aura une surprise quand tu rentreras à la maison.

Une surprise ? C'est sûrement un chien ! Il est vraiment chouette, mon papa. J'ai hâte d'être à ce soir mais avant, j'ai toute une journée avec ma maîtresse. Heureusement, y a aussi mes copains.

Dès que j'arrive dans la cour, je leur raconte tout.

– Tu sais Toto, mon père aussi faisait semblant de ne pas vouloir de chien et le jour où il m'a dit qu'une surprise m'attendait, il avait ramené un cocker.

– Ça me fait super plaisir Arnold ! Moi, mon chien, je l'appellerai Bernard !
– Ben Toto, tu es fou ? C'est le prénom de mon père !?
Aïe, c'est ma meilleure copine, Olive. Mais si ça la gêne, son père n'a qu'à changer de prénom, c'est tout ! En tout cas, je pense tellement à Bernard qu'en classe, j'écoute pas trop Mademoiselle Jolibois. Résultat, j'ai un zéro tout rond en maths.

Ouf ! L'école est finie ! Je fonce à la maison. Et dès que j'ouvre la porte, je crie :

– Papa ! Papa ! Elle est où ma surprise ?

– Dans le salon, Toto !

J'arrive en trombe dans le salon et là, je m'arrête net. Incroyable ! Pas de Bernard mais une fille blonde avec de jolies lunettes, entourée d'une pile de livres.

– Oh, bonjour Toto ! Comme tu as grandi !

Ben, c'est qui cette inconnue qu'a pris la place de mon chien ? Je pars retrouver Papa dans la cuisine et lui chuchote :
– Hé P'pa ! Y a une dame dans le salon !

– Pourquoi tu chuchotes, fiston ? C'est Séraphine, ta cousine ! Tu ne te souviens pas d'elle ? Allez, viens ! Elle est très sympa.
Je suis Papa jusqu'au salon mais Séraphine, c'est pas Bernard !

– Alors Toto, voilà : après-demain, Séraphine passe l'oral du concours de vétérinaire. Il ne faut surtout pas la déranger.
– Ah ? Mais dis donc P'pa, si toi, tu ramènes une cousine à la maison, moi aussi je pourrais ramener quelque chose. Un Saint-Bernard, par exemple !
– Quoi ? Tu veux dire un gros chien énorme ? Pas question, Toto ! Et surtout pas en appartement !

Et voilà cette-cousine-qui-sort-je-sais-pas-d'où qui met son grain de sel :
– Ton papa a raison Toto. Tu sais, un animal, ça implique des devoirs !
– Eh ben, ce genre de devoirs, c'est pas de vrais devoirs… Et moi, ça me plairait beaucoup de les faire.
– Toto, pour commencer, sois gentil avec Séraphine. Ne la dérange pas. On verra après.
Pfft ! J'suis sûr que Papa et ma cousine se sont mis d'accord pour pas que j'aie de chien.

J'ai le moral dans les chaussettes en arrivant à l'école. Heureusement que mes copains me comprennent. Arnold a une super idée :
– Ton père te teste, Toto ! Il veut voir si tu es assez grand pour t'occuper de quelqu'un.
– Tu crois ? Mais une cousine, c'est pas comme un chien. C'est une fille !
– Tu n'as qu'à lui offrir des bijoux.
Olive a raison ! Je vais faire un beau collier avec des fraises Raplapla à ma cousine. J'suis sûr qu'elle va adorer. Elle le dira à Papa et j'aurai alors mon beau Bernard.

Dès que je rentre à la maison, zou ! Je pars à la recherche de tout le matériel dont j'ai besoin pour faire un collier. Voyons, voyons… Ah oui, une bobine de fil ! Claire les range dans le salon mais où ? Pfft… Elle est vraiment pas patiente, Séraphine ! Elle quitte la pièce tout ça parce que les tiroirs du placard grincent. Ah enfin, j'ai trouvé la bobine de fil ! Bon maintenant, il me faut une paire de ciseaux.

Quand j'arrive dans la cuisine, Séraphine est déjà installée au milieu de ses livres et elle a pas l'air de bonne humeur. J'ai à peine ouvert le premier tiroir qu'elle me fusille du regard et s'en va. Si toutes les cousines sont comme ça, je plains mes copains ! En tout cas, moi, j'ai plus qu'à trouver une aiguille et le tour est joué ! Et ça, je sais où Claire cache son nécessaire à couture : dans l'armoire à pharmacie.

J'entre dans la salle de bains et qui je vois ? Séraphine dans la baignoire avec ses bouquins !

– Écoute Toto, il faut que tu arrêtes de me suivre comme ça. J'ai besoin de concentration et de SILENCE !

Ouh ! C'est dingue ça ! Je suis chez moi tout de même ! Alors je vais où je veux ! En tout cas, j'ai ce qu'il faut pour mon collier. Y a plus qu'à enfiler les fraises Raplapla. J'espère que l'idée d'Olive est bonne et que ma cousine retrouvera sa bonne humeur.

C'*h*est pas fac*h*ile de faire un collier avec des bonbons à la frai*g*e, *ch*ans les man*ch*er, j'adore ç*h*a moi, c*h*es bonbons ! Enfin, *ch*'ai un peu mal au cœur, mais ç*h*a y est, le collier est fini. Je me précipite vers le salon et crie tout content à Séraphine :

– SURPRIIIIISE !

– AAAAH !

Pfft… Qu'est-ce qu'elle peut être froussarde ma cousine ! Elle a tellement sursauté que ses feuilles ont volé partout. Et voilà, elle est à nouveau de mauvaise humeur !

Je lui tends illico LE collier et là, ma cousine fond.

– Oh Toto, comme il est joli ! Alors c'est pour ça que tu faisais tant de bruit ? Je vais porter tout de suite ton beau collier mais maintenant, il faut VRAIMENT que tu me laisses travailler.

Elle se rend pas compte, Séraphine, mais c'est pile l'heure de *Dexter le chien de l'espace* ! C'est ma série préférée à la télé. Rebelote, ma cousine fait la tête et claque la porte de la maison.

J'suis tout juste devant la télé quand j'aperçois les livres de Séraphine. C'est pas vrai… elle les a oubliés ! Tant pis pour *Dexter le chien de l'espace* ! Je saisis tous les trucs de vétérinaire de ma cousine et je fonce dehors. Je cours, je cours… Ah, ça y est ! Je vois Séraphine. Elle est installée sur un banc, tranquille. Ben dis donc, si c'est comme ça qu'elle travaille, elle l'aura jamais son concours.

Je m'approche d'elle, super fier de lui rendre service quand elle me sort :

– Toto ! Cette fois, j'en ai marre ! Maintenant, tu me laisses tranquille ou je le dis à ton père.

Là, j'en mène pas large. Ma cousine a la même grosse voix que Mademoiselle Gossein, ma prof de gym. J'suis tellement surpris que j'en fais tomber toute ma livraison.

– Ne fais pas ça Séraphine. Sinon j'aurai jamais de chien. Je voulais juste lui montrer que je pouvais m'occuper de toi.
– Mais je n'ai pas besoin de toi, Toto ! Je suis assez grande pour m'occuper de moi.
Elle comprend rien ou quoi, ma cousine !?
Je lui explique tout :
– S'il te plaît, il faut que tu me laisses m'occuper de toi pour montrer à Papa que je peux m'occuper d'un animal.
– Mais Toto, une fille, ce n'est pas comparable à un animal de compagnie !!!

Pfft… Décidément, quand ça veut rien piger, une cousine, ça pige rien. Je ramasse les livres, tout déçu. Je suis prêt à repartir à la maison quand Séraphine me dit d'une voix enfin douce :

– D'accord Toto ! Je ne dis rien à oncle Jérôme mais tu ne me déranges plus, O.K. ?

– Promis Séraphine, compte sur moi ! Ni moi, ni personne d'autre dans le parc ne te dérangera.

J'ai jamais été garde du corps mais j'ai vu plein de reportages à la télé dessus. Alors le premier qui s'approche de ma cousine, il aura affaire à moi. J'suis en pleine observation du terrain quand Jonas et Arnold viennent me proposer une partie de foot.

– Chuuuut les gars ! Je peux pas, j'suis avec ma cousine et elle révise. Allez jouer ailleurs !

Je sens bien que mes copains me prennent pour un fou. Ils savent très bien que j'adore jouer au foot mais si je veux Bernard, faut que je le mérite. Je continue ma surveillance. Tout semble calme quand, tout à coup, un bébé a la mauvaise idée de pleurer. Faut que j'intervienne et au plus vite !

– Excusez-moi madame, mais vous pouvez pas laisser pleurer votre bébé comme ça. Si ma cousine le dit à mon père, il ne m'achètera jamais de chien.

Je peux pas être plus clair mais la dame me regarde comme si je venais de la planète Mars. En tout cas, j'ai été efficace car elle part du parc illico ! Séraphine peut être fière. Des gardes du corps comme moi, ça se trouve pas partout ! J'y crois pas ! Quand je me retourne, Séraphine est en train de caresser un petit teckel tout mignon. Le chien a l'air aussi content que ma cousine mais moi, je m'y connais en toutou et j'ai pas besoin de faire des études de vétérinaire pour savoir ce qu'il veut…

Bien vu ! En deux coups de patte, le teckel arrache le collier aux fraises de Séraphine ! La pauvre, elle a si peur qu'elle lâche toutes ses notes. Et comme y a du vent, elles atterrissent dans la mare…

– Totooo ! C'est horrible !

– Ben oui, c'est pas drôle, t'es toute mouillée…

– Mais non enfin ! Je parle de mes cours. Il m'en manque au moins la moitié. C'est un cauchemar !

Elle a raison ma cousine. Soudain, y a une feuille qui tombe juste à mes pieds. À tous les coups, le vent les a emportées dans un arbre. J'ai à peine le temps de le dire à ma cousine qu'elle grimpe déjà tout en haut de l'arbre. Waouh ! J'ai jamais vu une fille monter aussi facilement sur un tronc, on dirait un singe ! Moi, j'ai un peu plus de mal mais j'y arrive. Et en quelques minutes, on a récupéré tous les cours.

– Bon, y a plus qu'à descendre.

– Ah non, ça, c'est impossible Toto !

– Pourquoi ?

– J'ai le vertiiiiiige ! J'ai peuuuur ! À L'AIDE !

Pfft… Elle pouvait pas y penser plus tôt, ma cousine, à son vertige ! Comment on va faire maintenant ? J'ai beau lui donner la main, rien à faire : elle crie de plus en plus fort et ameute tout le parc. Heureusement, quelqu'un a appelé les pompiers et ils viennent vite nous chercher avec leur grande échelle.

En rentrant à la maison, on est pas très fiers. Qu'est-ce que va dire Papa ? En plus, Séraphine peut plus parler tellement elle éternue. Elle a sûrement pris froid en ramassant ses cours dans la mare. Pourvu qu'elle soit guérie d'ici demain pour son concours, sinon je peux dire adieu à Bernard.

– Mais enfin, qu'est-ce qui vous a pris ? Vous auriez pu vous faire très mal !

– Excuse-nous P'pa, mais c'est la faute au teckel.

Pauvre Séraphine, elle a vraiment pas l'air bien.

– Je suis telle*b*ent *b*alade que je *b*ois plus rien. *B*es yeux sont tout rouges et tout gonflés ! Je *b*ais rater *b*on concours à cause d'un chien et je serai jamais *b*étérinaire… Aaaatchoum !

– Je peux te prêter mes yeux si tu veux !

J'ai eu une super idée ! Séraphine est d'accord. Je saisis son paquet de notes et lis ses cours. Pfft… C'est hyper dur à déchiffrer ces noms bizarres de maladies.

J'ai un de ces « mal » de tête, le soir. Finalement, c'est épuisant de s'occuper de quelqu'un : d'un chien ou d'une personne !

Le lendemain, j'en crois pas mes yeux quand je rentre de l'école : Papa a un bébé teckel dans les bras.

– Toto, je te présente Gaspard !

– Oh non P'pa, pas un chien ! Y a pas plus gourmand et voleur qu'un teckel. Tu m'as toujours dit « non » pour avoir un chien. Tu vas pas changer d'avis maintenant quand même ?

– Ne t'inquiète pas fiston ! C'est mon cadeau pour récompenser Séraphine. Elle a brillamment passé son concours de vétérinaire.

Waouh ! Je l'ai échappé belle ! Et ma cousine est hyper heureuse. Je lui souhaite quand même du courage parce que le chiot fait déjà bêtise sur bêtise. Je vais pour embrasser Séraphine quand elle me colle son chien dans les bras :

– J'ai un petit service à te demander Toto. Je pars un mois en vacances et je compte sur toi pour t'occuper de Gaspard. Tu veux bien ?

– Euh… MOI ?… Mais…

J'ai même pas le temps de répondre que Gaspard vient de faire pipi dans mes bras. Et là, il mord les coussins du canapé ! Un mois, ça fait au moins trente jours… J'suis sûr que ça va être les plus longs de ma vie…

12

TOTO TOUS RISQUES

Qu'est-ce qu'il peut être maladroit quand il s'y met, mon papa ! Ce matin, il peut pas mettre un pied devant l'autre sans faire de bêtises : il vient d'écraser mon camion de pompier, mon soldat préféré et mon ballon de foot. Et en plus, il rouspète !

– Toto ! Combien de fois je t'ai dit de RANGER tes jouets ? Ils traînent encore dans le couloir !

– Tu sais P'pa, il est un peu tôt pour faire du calcul mental !

L'école, c'est pour tout à l'heure. En tout cas, moi, je perds pas mon temps, le matin. J'ai déjà pris ma douche comme un grand et sans froisser le rideau. Ça plaît pas trop à Papa qui râle encore :

– Toto ! Combien de fois je t'ai dit de TIRER le rideau de la douche pour éviter les inondations ?

Pfft… Quand Papa commence la journée comme ça, y a rien à faire. Faut juste trouver une réponse costaud…

Heureusement que j'ai pas la langue dans ma poche.

– Oh… j'ai pas trop compté P'pa mais je dirais environ cent mille millions de fois. Enfin, à peu près quoi…

Hé, hé, il a le bec cloué ! Il part enfiler son costume et sa cravate sans rien dire.

Il a raison Papa, faut jamais partir au bureau ou en classe le ventre vide. Alors tous les matins, il prend un bon jus d'orange. Et ce matin, c'est moi qui l'ai bu avant lui !

Bon d'accord, j'ai mal revissé le bouchon mais je pensais pas qu'il allait secouer la bouteille comme un malade. Du coup, son super costume a de jolies taches orange.

– Totoo ! Combien de fois je t'ai dit de REFERMER la bouteille de jus d'orange !?

Là, Papa commence sérieusement à m'échauffer les oreilles. Je prends sa calculatrice, je tapote quelques chiffres et hop ! J'ai la réponse !

– C'est fou P'pa ! Ça fait exactement 2 920 fois !

C'est pas le tout mais moi, j'ai école et pas question d'arriver en retard. Je mets mes rollers et sors en trombe du hall de l'immeuble. Et zou ! Un peu d'élan et me voilà presque sur le passage piéton quand j'entends Papa crier :

– Totoooo ! Attention !

Je sais pas ce qu'il a mon papa aujourd'hui mais il fait tout de travers. En me courant après pour pas que je traverse, il s'est cogné à une vieille dame sur le trottoir.

Résultat, il se retrouve par terre pile au moment où le camion de nettoyage passe dans la rue. SPLAAAASH ! Deux douches en une heure, il est super propre pour aller au bureau ! Et de super mauvaise humeur aussi…

– Toto, combien de fois je t'ai dit de regarder avant de traverser ?

– Ben pareil que pour les jouets, le rideau de douche et la bouteille de jus d'orange, P'pa. Mais tu sais, la maîtresse aussi nous fait travailler le calcul mental !

Ma journée de classe se passe comme toutes les autres. Mademoiselle Jolibois répète mon prénom des dizaines de fois. C'est épuisant, à la fin. Je suis pas le seul élève, quand même ! Ouf ! L'école est finie ! Je rentre à la maison. Un bon goûter, une petite leçon de vocabulaire et je joue avec Monsieur Incorrigible. Incroyable ! Je reconnais plus le salon. Y a des piles de livres qui traînent partout et les chaises sont mises n'importe où.

– C'est quoi tout ça, P'pa ? Un nouveau jeu ?
– Exactement Toto. C'est le jeu de la SÉCURITÉ. Je t'explique… J'ai fait un parcours d'obstacles : les chaises délimitent les carrefours, les piles de livres tracent la route, tes peluches jouent les piétons et les lampes de chevet font office de feu rouge. Je vais donc commencer par t'apprendre les règles de la sécurité routière et pour t'aider, voici le Manuel des Risques. Je te conseille vivement de le lire.

– Mais P'pa ! Il est encore plus gros que mon carnet de colles ! On dirait l'annuaire de toute la ville.
– Tut-tut, fiston ! Enfile tes rollers et top départ !
TRRRRIIIITTTT ! Ben qu'est-ce qu'il lui prend à mon papa ? Il va ameuter tout le quartier avec son sifflet !?

En tout cas, pour une fois que j'ai le droit de faire du roller dans la maison, je vais pas me gêner ! Papa en revient pas tellement je vais vite entre les obstacles.

– Hé Toto, ce n'est pas une course contre la montre. Tu dois faire attention à ne rien renverser. Regarde bien les piétons et les feux rouges !

Pfft… Comme si j'avais pas d'yeux pour voir. Seulement moi, quand je fonce, je fonce tête baissée.

Bon là, un peu trop car pile dans un virage, je me cogne à mon ours en peluche et voilà qu'il me bouche la vue. Je vois peut-être plus rien mais j'entends la grosse voix de Papa qui hurle :

– Mon bureau ! Attention à mes bilans !

Je dois faire une sortie de route mais Papa a de sacrés réflexes : il me plaque comme au rugby juste avant que j'atterrisse sur sa pile de dossiers. Il est trop fort, mon papa !

Un peu trop car il a pris tellement d'élan pour m'arrêter qu'il en a avalé son sifflet… Ouh là ! Papa devient tout rouge et quand il ouvre la bouche, il fait des TRRRRIIIITTTT bizarres. Là, faut faire vite ! Je saisis mon Manuel des Risques et cherche illico le chapitre « Étouffement ». Voyons… « Étouffement » page 7 240… Bingo ! J'ai trouvé !

Je lis vite le petit texte explicatif et fais tout comme ils disent : je me mets bien derrière Papa, je place mes deux mains sur son estomac pour exercer une pression et tchac ! J'appuie d'un coup sec… Gagné ! Le sifflet sort de sa bouche comme un bouchon de champagne.

– Merci fiston ! Tu m'as sauvé la vie ! Tu es un vrai chef de la sécurité.

J'aime bien quand Papa est super fier de moi mais je peux quand même pas lui demander d'avaler un sifflet tous les jours.

En tout cas, grâce à ce Manuel des Risques, je suis vraiment un chouette Agent Toto ! À partir de maintenant, faut plus que Papa s'inquiète, je vais veiller sur tout.

Voilà, on est déjà le lendemain et j'ai lu le Manuel des Risques une bonne partie de la nuit. C'est pas facile, facile comme lecture mais j'ai pigé l'essentiel. Aussi quand Papa se lève et avance dans le couloir pour aller dans la salle de bains, y a plus de danger. J'ai rangé tous mes jouets.

Mais pour veiller comme il faut sur mon papa, je garde le sifflet dans la bouche, le Manuel des Risques sous le bras. Et voilà, Papa commet déjà une imprudence ! TRRRRIIIITTTT !

– Hein ? Quoi ? Qu'est-ce qu'il y a ?

– Article 1 098 de ton Manuel, P'pa : *Ne jamais bâiller en marchant.*

Il est encore super fier de moi mais il veut tout savoir, alors je lui lis l'article :

– *Le piéton qui bâille ferme les yeux et ne peut plus voir où il met les pieds. Il risque ainsi, selon l'article 7 732 et l'article 8 292, paragraphe 5, alinéa 48, de chuter ou de heurter un…*

– Compris Toto, compris… Merci…

C'est pas juste ! Papa me coupe la parole alors que c'est super important, tout ça. C'est pas ma faute après tout s'il fait bêtise sur bêtise… TRRRRIIIITTTT !

– P'pa ! Article 5 804 : *Ne jamais marcher pieds nus.*

TRRRRIIIITTTT !

– P'pa ! Article 2 321 : *Robe de chambre obligatoire pour ne pas attraper froid.*

Ben voilà… Papa m'arrache le sifflet de la bouche. Tout ça parce que ça lui plaît pas que je lui fasse remarquer ses erreurs.

Je fais qu'appliquer les conseils du Manuel des Risques. C'est vraiment compliqué les parents, ils changent tout le temps d'avis.

– Mais P'pa, comment je fais pour te prévenir en cas de danger ?

– Écoute Toto ! Là, je vais aux toilettes et ça m'étonnerait qu'il m'arrive quelque cho…

Raté ! Papa se cogne pile dans ma caisse de jouets et se retrouve la tête la première dans la cuvette des toilettes.

– Tu vois P'pa que le danger est partout. Je t'aurais prévenu si tu m'avais laissé le sifflet…

En entrant dans la salle de bains, Papa va être fier de moi car cette fois, j'ai bien tiré le rideau de douche : y a pas une goutte d'eau par terre. J'ai même mis du sable sur le carrelage, histoire d'avoir une salle de bains grand luxe ! Hélas, Papa a pas l'air d'apprécier…

– Mais comment as-tu monté tout ça ?

– Ben avec une pelle dans l'ascenseur… Au fait, le concierge veut te voir !
DING ! DONG !
– C'est sûrement lui ! Je vais ouvrir !
– Toto, NOOOON !
Aïe ! Le concierge est furieux. Il est même venu avec Kiki, son gros chien. Et quand Kiki mord, il mord… Pauvre Papa, il a une sale tête.

Bon, Papa est enfin prêt. On descend l'escalier pour commencer notre journée de travail : Papa au bureau et moi, à l'école. Heureusement que j'ai l'œil : Papa a oublié de lacer ses chaussures. Je passe vite fait devant lui et hop ! Je fais de jolis nœuds comme c'est indiqué dans le Manuel des Risques. Oh non ! Papa trébuche et… Boum ! Badaboum ! Il fait un super vol plané dans les escaliers.

Elle est toujours à l'heure, la maman de Yassine, quand elle vient me chercher en voiture pour aller à l'école. Avant de me quitter, Papa me fait promettre d'être bien sage. Comme si j'allais faire le pitre en voiture ! Au contraire, je lui donne de sacrés bons conseils :

– Clignotant ! Priorité à droite ! Céder le passage ! Piste cyclable ! Passage piéton ! STOP !

Waouh ! Quand elle freine, la maman de Yassine, elle fait pas semblant : elle appuie tellement fort sur la pédale de frein que son airbag se déclenche. Du coup, Yassine et moi, on est obligés de continuer notre chemin en bus. Pas grave mais qu'est-ce qu'il conduit mal le chauffeur ! Je suis obligé de tout lui dire, à lui aussi…

Enfin, nous voilà à l'école mais c'est pas de tout repos non plus dans la cour de récré car je dois gonfler le ballon de Junior.

– Toujours vérifier la pression, Junior ! Article 3 526 : *Un ballon trop mou est incontrôlable. On peut aller jusqu'à l'entorse avec ça.*

– Oui mais là Toto, mon ballon, il gonfle drôlement…

Ils ont dû se tromper dans le Manuel des Risques parce que je gonfle, je gonfle le ballon et d'un seul coup, pffft ! Il part dans les airs et il atterrit pile sur la tête de Mademoiselle Gossein.

C'est pas de la tarte non plus, en classe : y a aussi des dangers comme la craie qui crisse sur le tableau. Heureusement, j'ai la solution mais ce que je fais intrigue tout de suite Mademoiselle Jolibois :

– Toto ! Qu'est-ce que tu as dans les oreilles ?

– C'est une page de mon cahier que j'ai mâchée pour faire des bouchons parce qu'on peut devenir sourd comme ma Mamie à cause des crissements de craie. C'est bien indiqué dans le Manuel de mon papa, au chapitre « Nuisances sonores ».

Pauvre Mademoiselle Jolibois, elle le savait peut-être pas mais tous mes copains de classe font comme moi : ils déchirent vite une feuille de papier et se bouchent les oreilles avec ! Du coup, on voit plus que les lèvres de la maîtresse qui bougent. Qu'est-ce que ça peut être dangereux l'école ! Heureusement que l'Agent Toto Zéro Risque est là ! À la cantine, j'empêche Jonas de s'étrangler avec des petits pois et comme il m'énerve un peu, on fait une super bataille de fromage blanc.

Ça, c'est pas grave sauf que Madame Péchoton arrive à ce moment-là… C'est la première fois que la directrice a une voix si calme quand elle me parle :

– Écoute Toto, je te donne ton après-midi de libre pour réviser ton Manuel… Rentre chez toi et occupe-toi de… de ton cher papa ! Ici, tout ira bien, ne t'inquiète pas pour nous…

Ça alors, qu'est-ce qu'elle est chouette quand elle veut !

Papa est étonné de me voir si tôt. Il travaille tranquillement sur le canapé du salon quand, tout à coup, j'aperçois une guêpe qui vole au-dessus de sa tête.

Pas une seconde à perdre : je saisis le Manuel des Risques, je m'approche doucement du crâne de Papa et… BAM ! Je tape un grand coup.
– Papa ! J'l'ai eue ! J'l'ai eue ! Hé P'pa… t'entends ?

J'comprends pas, il bouge plus. Il a l'air K.O. lui aussi. Pfft… Je lui ai encore sauvé la vie mais vu l'état de sa tête, les pompiers l'emmènent vite à l'hôpital. J'suis sûr qu'il est bien soigné là-bas mais je viens quand même veiller sur lui tous les jours… On sait jamais !

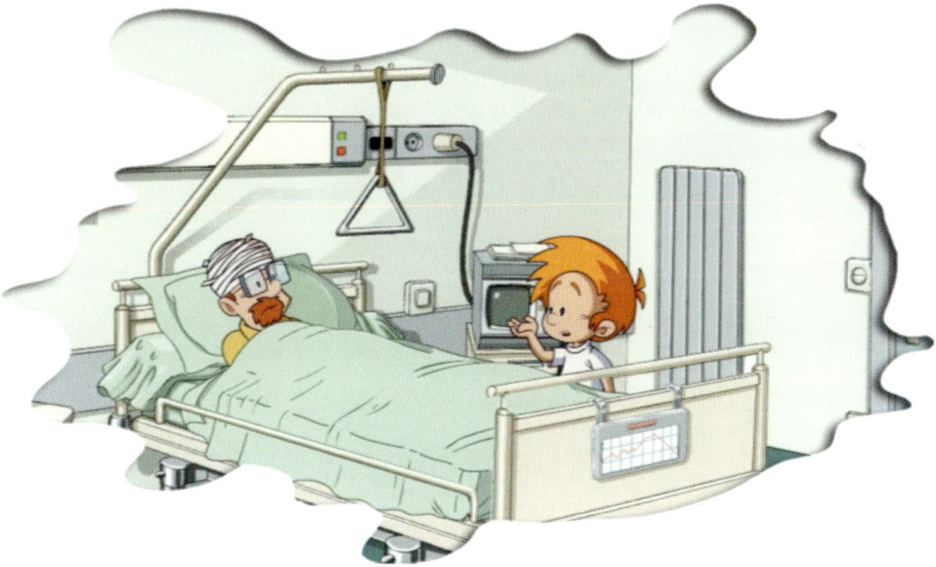

Collection dirigée par Lise Boëll

Cet ouvrage est adapté d'une bande dessinée de Thierry Coppée parue aux Éditions Delcourt et d'une série télévisée produite par Gaumont Animation.
Pour la bande dessinée : Les Blagues de Toto © Éditions Delcourt - Thierry Coppée
Pour la série télévisée : Les Blagues de Toto © 2009 Gaumont Animation. Tous droits réservés.
D'après la bande dessinée "Les Blagues de Toto" créée par Thierry Coppée, publiée aux Éditions Delcourt.
Réalisé par Gilles Dayez. Écrit par Fred Louf.
Produit par Gaumont Animation avec la participation de M6, SND, Europool, La Région Poitou-Charentes, le Département de la Charente.
Développé avec le soutien du Programme Média de l'Union Européenne.
C'est la révolution ! écrit par Julien Frey.
La Super Rédaction ! écrit par Fred Louf.
Week-end au vert écrit par Guillaume Mautalent et Sébastien Oursel.
Toto l'artiste écrit par Martin Clément.
Mon père ce héros écrit par Christel Gonnard et Joseph Jacquet.
La Déco selon Toto écrit par Sébastien Dejardin et Fred Louf.
La Photo à Toto écrit par Nicolas Verpilleux.
Correspondant, poil aux dents écrit par Christel Gonnard et Joseph Jacquet.
Le Distributeur écrit par Frédérique Monfort.
La Traversée du dessert écrit par Regis Jaulin, Chloé Glachant, David Tarde.
Une dame dans le salon écrit par Chloé Glachant et David Tarde.
Toto tous risques écrit par Nicolas Verpilleux.

www.lesblaguesdetoto.com

Publication originale :

22 rue Huyghens, 75014 Paris
www.albin-michel.fr
Adaptation : Valérie Videau
Conception éditoriale : Lise Boëll
Éditorial : Estelle Cerutti et Marie-Céline Moulhiac
Direction artistique : Ipokamp
ISBN : 978-2-226-31343-0
Loi n°49-956 du 16 juillet 1949 sur les publications destinées à la jeunesse
Achevé d'imprimer en France par Pollina - L69685
Dépôt légal : octobre 2014